KB265493

三五祖師 金河堂光德大禪師 眞影

佛光香風　別 2
광덕스님 시봉일기 別 2

普賢道場

보현도량
금하보감

金河寶鑑

송암지원

DOPIANSA
到彼岸社

보현도량
금하보감

송암지원

삼귀의

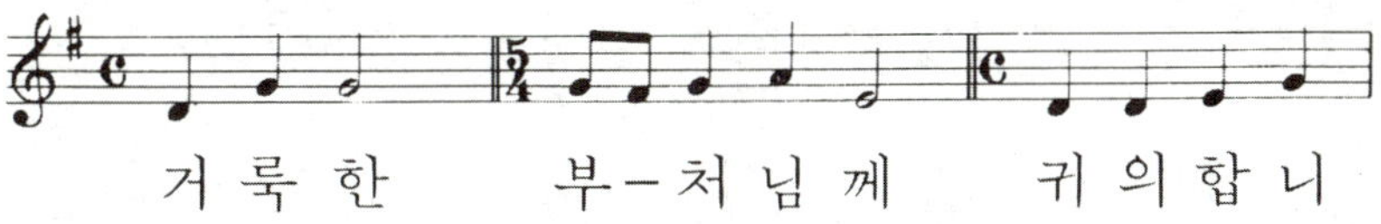

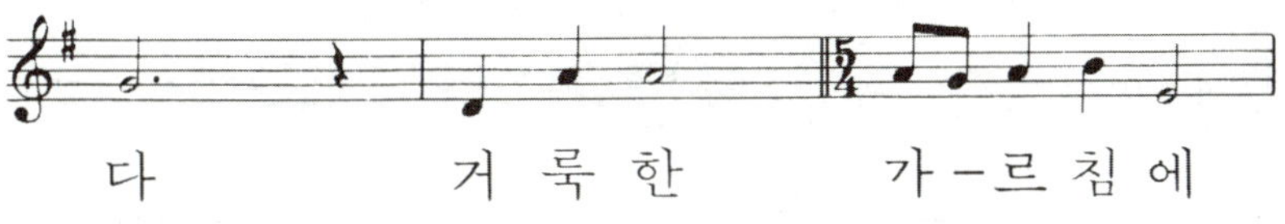

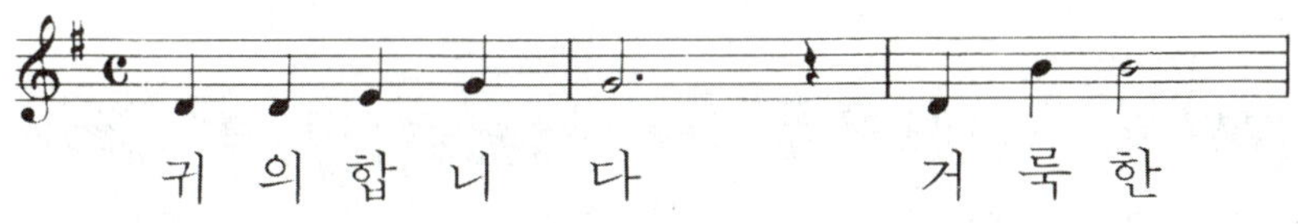

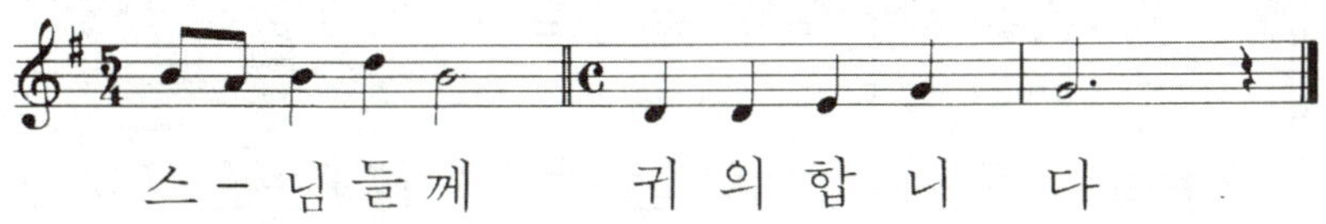

오계의 노래

광덕스님 작시
박 범 훈 작곡
Andante 〈선후창식으로〉
mf
(Tutti)
아   아 —   아 —   부처-님전목숨바쳐
맹 세 하옵니다 부처님전목숨바쳐 맹 세 하옵니다 모든-생명존중하고-
Solo (男女)
죽 이 지않으오리   모든-생명존 - 중하고 죽 이 지않으오 리
(Tutti)
f
아 낌없이베풀-고 훔 치지않으오리 아 낌없이 베풀-고 훔 치지않으오 리
(Solo)
(Tutti)
f
청 정-심을-행 하-고   삿 된음행-않 으오리- 청 정 심을-행 하 고
Solo (남도계면조로)

삿 된 음행- 않 으오리- 진 실을말하고 망 어를않으오리
진 실을말하고 망 어를않으오리 정 념-을 지 키 고
술 마시지 않으오리 정 념-을 지 키 고 술 마시지않으오리 아
아 — 아 — 아 — 아 부 처-님전목 숨 바 처
맹 세 하옵니 다 부 처 님전목숨바 쳐 맹 세 하옵 니 다

둥글고 밝은 빛

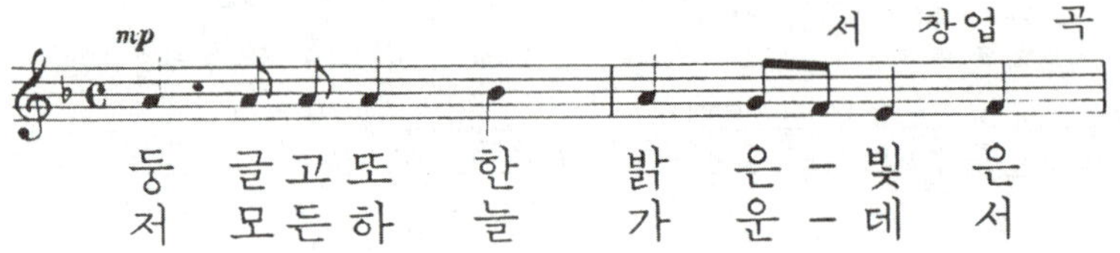
서 창업 곡
mp
둥 글고또 한 밝 은 - 빛 은
저 모든하 늘 가 운 - 데 서

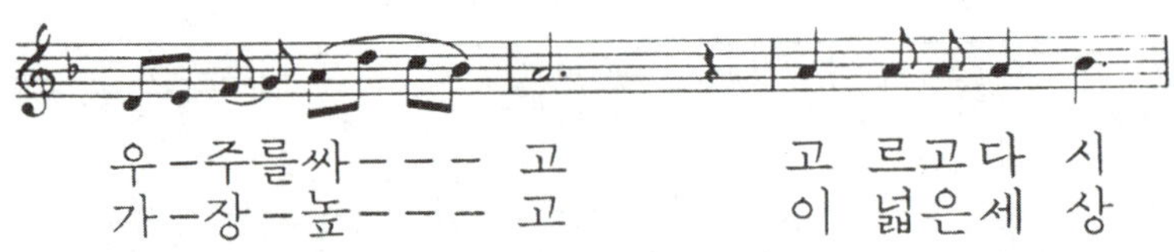
우 - 주를싸 - - - 고 고 르고다 시
가 - 장 - 높 - - - 고 이 넓은세 상

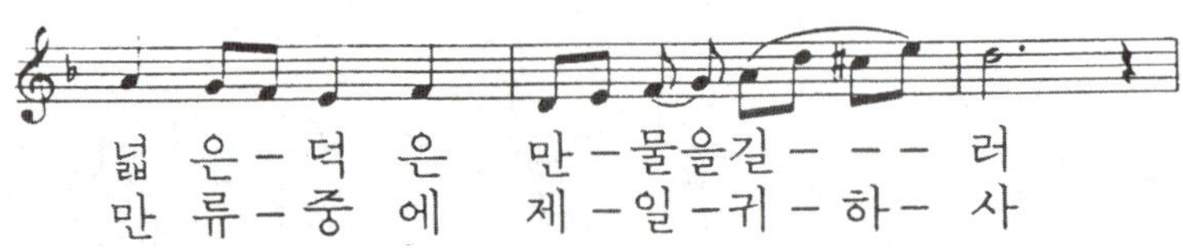
넓 은 - 덕 은 만 - 물을길 - - - 러
만 류 - 중에 제 - 일 - 귀 - 하 - 사

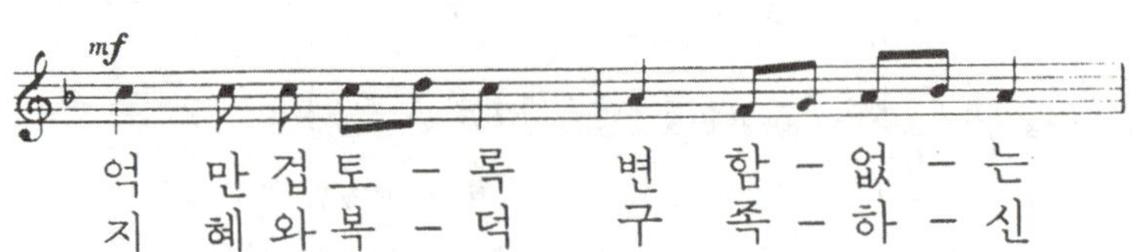
mf
억 만 겁토 - 록 변 함 - 없 - 는
지 혜와복 - 덕 구 족 - 하 - 신

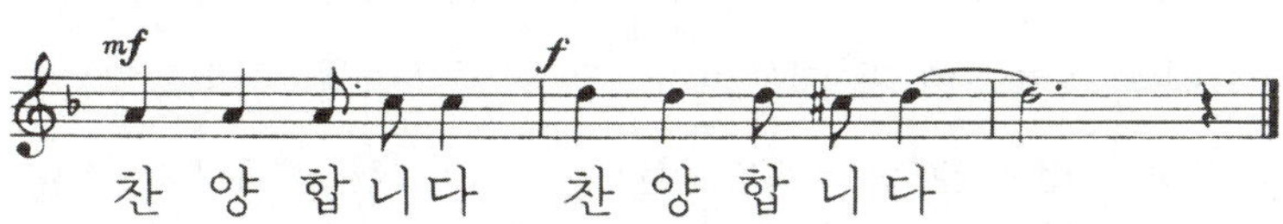

둥글고 밝은 빛　9

부처님의 가르침은 대자대비가 본체이다. 어느 시대 어느 곳 누구에게나 그 무엇에나 벗어나지 않고 미치지 않는 곳이 아예 없다. 도무지 없다. 저 허공을 의지한 해와 별들과 장대한 산하대지(山河大地)와 아득한 준동함령(蠢動含靈)에 이르기까지…….

이는 부처님께서 벗어나지 못하도록 지침을 내리거나 원칙을 정해 놓아서가 아니다. 불법(佛法:진리) 자체가 그렇다. 시공과 만물, 사람의 생각을 초월한 천연무위(天然無爲), 자연무작(自然無作)의 무아진리(無我眞理)이기 때문이다. 그 천연무위의 여여(如如)한 진리는 결국 그렇게 오늘 내게도 이르렀다. 본체를 벗어나지 못한 끝없는 숙명과 같은 한없는 대비(大悲)를 안고서…….

천변만화의 보화응동(普化應同)으로 그 위세를 은근히 시현(示現)한 법의 물줄기는 나에게 갈증을 쉬게 하고 목숨줄을 이어주며 언제나 파릇파릇 생기를 불어넣어 주었다. 일찍이 현상(現像)에 대한 불만(?)을 품고 있던 내게 부처님께서 본체를 은근히 내 보이지 않았다면 과연 난 어떤 삶을 살았을까? 다시금 곰곰 생각해 보게 된다. 실로 다행하다. 이제 가슴을 쓸어내리며 안도를 한다.

삶, 그것은 어제나 내일의 문제가 아니라 언제나 오늘의 문제였고 동시에 빛이었다. 이 말은 모든 질문이나 의문 속에 그 답이 들어 있다는 것이다. 아니, 질문이 곧 답이었다. 빛으로서의 답이었다. 따라서 나에게도 오늘의 문제였고 당금의 빛이었다. 저 아득한 과거에서도 당금 발 딛은 현재나 아직 오지 않은 머나먼 미래에도.

불교는 그렇게 오늘의 문제로 괴로워할 줄 아는 사람들에게 분명 빛이 될 것이다. 영겁의 숙명으로…….

선사(先師)께서 한평생 살아오신 삶도 결국 오늘의 문제를 푸는 일이었고, 그 방식이 대각행원구국구세(大覺行願救國救世)라는 빛이었다. 이런 사상은 누구나 가질 수 있다고 본다. 다만 선사의 삶이 남다른 광채를 발한 것은 오직 한 길로 일관성을 가지고 충실하게 살았다는 점이라고 본다. 바로 시시처처에 위법망구(爲法忘軀)로서다. 부처님이 그랬고 모든 조사가 그랬던 것처럼 법을 위해 일체를 버린 고도의 천연무위, 자연무작이었다. 하지만 이는 누구나 흉내 낼 일은 아니다. 오로지 그렇고 그런 일관된 삶으로 선사 자신의 처음 생각 그대로 인생을 마감한 선사의 그렇고 그런 인생길, 언제부터인가 나는 그렇고 그런 그 길을 이해하고 좋아하게 되었고 믿게 되었고 마침내 나의 길이며 모두의 길이라는 사실을 깨닫게 되었다. 어느덧 난 그렇고 그런 그 길에 경배하고 있었고 솟구치는 열정과 충성심의 진동으로 온몸을 떨고 있었다.

그래서 난 그렇고 그런 그 길이 영속적으로 이어지기를 바랐고, 아마도 그렇게 되게 하기 위하여 지금까지 살아왔는지도 모르겠다. 물론 앞으로 남은 인생도 그렇고 그런 그 길을 위해 살려고 한다. 그렇지만 문제는 있다. 나의 이 자그마한 생각도 선사나 성현들의 허락이 있어야 가능하다는 사실이다. 나는 다행히 그 사실을 알고 있기에 끊임없이 기도해야 한다. 나의 진심이 성현에게 미치도록 기도해야 한다. 따라서 부처님의 법이 이어지듯이 선사의 삶도 이어져 결국 부처님의 가르침이 더욱 널리 떨치기를 바라는 뜻에서 난 선사의 사상과 염원이 깃든 이 책을 낸다. 선사께서 세운 골격에 내가 형편에 맞게 약간의 (명칭이나 상황변화에 따른) 수정과 더하기를 했다. 그러나 선사의 골격을 찾으려고 하는 이가 있으면 금방 드러나도록 충분히 주의를 기울였다. 그리고 이렇게라도 해놓지 않으면 자칫 흔적도 없이 사라질 수도 있지 않겠나 하는 두려움이 내게 이 책을 내는 용기를 한층 북돋워 줬다. 선사의 안목이나 교화방편을 우격다짐과 완력으로 차지하려는 사람들 속에서는 무엇보다 용기가 필요했다.

아아, 어느덧 선사께서 위법망구의 사바세연을 마치신 지 10주년이 다가온다. 마냥 송구스럽기만 하다. 해마다 다가오는 기일에 차수하여 고개를 푹 숙이고 조용하게 지냈지만, 올해 기일에는 더욱 납작 엎드려서 숨소리마저 낮추고 지내야 하겠다. 온갖 말과 맹서를 다 해놓고도 허송세월한 허물이 크기에 말이다.

그리고 이제 모든 것을 본래로 돌려놓도록 노력해야 하겠다. 그리하여 오로지 새론 마음으로 선사를 따르고 싶고 지극한 마음으로 모시고 싶다. 그래서 섣달 그믐날 스님의 상좌나 다름없는 현진거사에게 앞장 서 달라고 했다.

아무쪼록 이 책에 부족함이 많을 줄 안다. 이에 대덕달사(大德達士)의 질정(叱正)을 더욱 간망(懇望)해 마지않는다.

2553(기축 · 2009)년 정월에

不肖門人 松菴至元 謹誌

三主五香祖師 金河堂光德大禪師 行狀

門人 至元 泣撰

1

이미 바람이 불기 시작했다. 그것은 소용돌이를 일으키는 바람이었다. 지난 18세기부터 東北亞에 소용돌이를 일으키기 시작한 바람은 여간해서는 막기 어려운 時代狂風이었다. 일찍이 우리 同族의 터전이었던 東北方 滿洲沃野에서는 눈보라의 朔風이 일어 이 땅 靑丘를 휩쓸었고, 까마득한 저 先代로부터 文明의 施恩을 나누었던 東南方 蠻島의 海溢은 暴風이 되어 이 山野를 순식간에 弱肉强食의 阿修羅場으로 만들어 버렸다. 또한 西歐列强 西勢東漸의 이글거리는 熱風은 우리 疆土를 더욱 달구어 내었다.

이 세 갈래의 바람이 한데 어우러져 소용돌이의 時代狂風이 되었으니, 靑丘疆土의 人民은 失地하고 蒼生은 苦難과 險地로 내몰리어 四顧無親의 子子單身이 되고 말았다. 이렇게 東西南北 四圍에서 마구 부는 時代狂風은 급기야 時代劫火의 劫風으로 이 疆土山河의 一草一木과 百獸千禽과 蠢動含靈 個個人人 微物昆蟲에까지 一擧手一

投足에 鎖를 채웠다. 한 번 일기 시작한 이 바람은 온통 世上을 뒤 덮어 순식간에 暗黑天地로 만들어 버렸다. 世界到處·人人個個에게 거세게 미친 一代劫風이었다.

이 거센 바람의 根源은 時和年暢의 宇宙秩序가 아닌 人間內面에 대한 錯覺의 妄風이요, 人間無明이 빚어낸 貪嗔癡 三毒의 毒風이다. 저 無明에서 일어난 거대한 이 毒風은 貪毒·嗔毒·癡毒의 세 가지 猛毒을 지녔기에 한번 지나가면 반드시 피를 보고 죽음을 부르는 一代劫火의 殃風이 된 것이다. 결코 시작과 끝이 있는 명쾌한 理法循環의 季節環風이나 理法然則이 주는 時和年豊의 希望어린 循環然風이 아니었다. 배달겨레 그 누구도 피할 수 없게 만든 危風이었고 自招한 業風이었다.

2

아아, 대저 바람은 바람으로만 막을 수 있다고 했는가! 그러하기에 더 큰 大風이 있어야 했다. 바로 人間本心 宇宙本然의 慈悲로운 光明淸風이 일어야 했다. 저 劫火의 무서운 바람을 막고 다시는 피 바람을 일으키는 회오리 狂風이나 毒風이 일지 않도록 크나큰 智慧慈悲의 큰바람인 光風이 일어야 했다.

이런 人間世上의 모든 惡風을 막아보기 위해 英雄도 오고 君子도 오고 先覺者도 오고 忠臣烈士도 왔다. 수많은 豪傑들이 와서 이런 저런 맞바람을 일으키거나 防風壁을 높게 쌓으려 했다. 가히 人物群의 때였다. 그러나 그 모두는 시대의 共業과 자신의 別業을 넘지 못하는 미미한 바람일 뿐이었고, 二元論의 相對를 넘지 못하는 한 갓 世間風이었고 世間方略이었다. 즉 원수를 갚으면 또 다른 원수가 생기는 정도가 고작이었다. 저 원수마저 사랑하라는 억지가 아니라, 본래 원수가 없고 원수와도 일찍이 둘이 아닌 道理인, 一切를 넘되 一切를 여의지 않는 出世間風의 不二論에 根據한 妙法妙方이 아니었다.

아아, 그러나 어둠 가운데서도 불씨는 살아 있다고 했던가! 그 불씨의 妙法妙方을 찾은 炯眼들이 있었으니 救世法家의 出世間眼이었다.

龍城師는 時代의 漆夜에 횃불을 들었으며, 東山師는 空門標準의 횃불을 들었고, 昭天師는 殺傷의 武器를 버리고 人性本旨의 횃불을 찾아 들었으며, 性徹師는 解脫正路를 萬歲에 標榜하는 正法의 횃불을 들었다.

이 한가운데로 先師, 金河堂光德大禪師께서 大覺行願救國救世의 般若횃불을 높이 들고 曠野의 超人처럼 호숫가를 떠난 짜라투스트라처럼 나타났다. 저 救世法家의 方略來歷을 圓融會通한 般若全身을 드러냈다. 先師의 胸懷에 大悲圓滿을 품고 慈蓉에 蓮花微笑를 띠고 法手에 五風法扇을 들고 威儀는 普賢白象을 타고 이 娑婆濁世에 몸을 드러냈던 것이다. 耿耿히 그 몸을 드러내 狂風中心에 우뚝 섰다.

先師께서 일으킨 五風法扇의 큰바람은 人間의 無明三毒을 자르는 般若戒香의 劍風이고 어둠이 本來없는 淸淨定香의 光風이며 般若波羅蜜多慧香을 크게 떨치는 法風이고 行願解脫香의 宗風이며 向上解脫知見香을 成就하는 門風이다.

先師께서 손에 쥔 法燭의 이 다섯 바람, 五分香風은 급기야 工夫人의 八風을 모두 잠재우고, 一切衆生이 지닌 無明長夜三毒의 業風을 일시에 소멸하며, 生靈을 둘러싼 어둠과 두려움의 劫風을 딱 정지시킨다. 두루하여 저 넋이 빠질 것같이 아득한 十方三世가 다하도록.

3

青丘에 휘몰아치는 一代狂風 頂點인 때, 金河堂光德大禪師께서는 1927년 4월 4일(음, 3월 3일), 京畿道 華城의 濟州高氏 家門 次男으로 出生하였다. 先師의 앞길을 예시하기라도 하듯 三生之恩의 慈親胎夢은 자못 神異하여 이를 듣는 뭇사람들은 襁褓의 어린 先師를 더욱 重하게 대했고, 慈親 또한 몸가짐 하나에서부터 言行一切에 法度를 갖추어 어린 先師를 대하고 成熟成長을 補育하였다.

先師는 幼年時節부터 强記와 叡智로 뭇 사람들을 놀라게 하였으며 天性은 菩薩의 胸懷를 그대로 옮겨 놓은 듯 慈悲의 容色과 言行의 闊步는 자못 주위의 耳目을 한 몸에 끌었다. 性情은 本來 밝고 快活하여 노래를 즐겨 부르며, 또한 孝誠스러워 자친이 부르면 언제나 "예, 어머니"가 대답이었다. 모든 일에 明朗하고 活潑潑하여 行步時에는 마치 구름을 타고 다니는 듯 했다.

그렇지만 先師의 幼少年時節은 不幸하게도 弱肉强食의 未開無道가 世界到處에 험한 물결로 사나운 바람으로 마구 소용돌이치고 있을 때였으니, 그로 말미암아 萬邦의 民生은 不安과 恐怖에 떨어야 했고, 悠久한 歷史와 燦爛한 文化를 가진 이 祖國疆土도 日帝의 殘酷한 强占과 侵奪, 倭色의 橫行으로 말미암아 文化의 斷絕과 精神의 沈滯와 挫折을 겪어야만 했다.

슬프다! 이 땅의 民生들은 男負女戴의 기나긴 行列을 이루어 靑丘의 情든 故鄕古土를 등지고 춥고 荒凉한 異域을 遊離하며 風餐露宿하는 慘憺한 지경에까지 이르렀다. 이처럼 祖國江山에 길게 드리워진 어두운 그늘 속에서 民草의 삶은 暗澹했고 하루하루의 生活은 孤單하기만 했다.

우리 겨레 한 사람 한 사람과 이 疆土 구석구석에 거미줄처럼 뻗친 日帝의 검은 魔手, 그로 인한 絕望과 悲嘆어린 桎梏, 마치 海溢처럼 몰아쳐 오는 엄청난 災殃을 堪當하거나 피할 수 없었던 先師의 幼少年時節, 그러나 이 어찌 先師 홀로 겪은 아픔과 괴로움이었겠는가!

아, 先師가 태어나자마자 不可抗力으로 겪어야 했던 그 苛酷한 受難은 분명 幼少年의 軟弱한 心身으로는 미처 堪當하기 어려웠던 큰일이었기에 한 점 그늘 없이 자라야 할 成長期를 時代의 不運과 民族의 悲哀를 짊어지고 아프게 견디지 않으면 안 되었다. 그것은 이미 過去前生부터 定해진 피치 못할 先師宿業으로 自抛自棄로 체념해야 할까, 아니면 그 時代 우리 民族과 人類가 짊어져야 하는 共業이라고 仰天歎息해야 할까, 그러나 宿業도 共業도 아니다. 오로지 이 때를 당하여 先師께서 짐짓 大覺行願의 몸을 나투어 一切衆生의 業海에 大悲示現 菩薩願行의 般若寶船을 띄운 것이다.

4

先師의 幼少年期는 國權喪失로 말미암은 挫折과 絕望의 暗鬱했던 悲嘆의 時期였고, 그로 인해 한창 成長期를 맞이한, 精銳한 感受性의 所有者였던 先師는 成長과 더불어 아픔과 苦惱도 차츰 깊어갔다. 또 그것은 자연스레 民族意識으로 싹터갔고 人間本性에 대한 省察自覺과 社會正義와 祖國獨立에 대한 熱情으로 커가고 變貌해갔다. 先師의 秀特한 性情과 남다른 論究精神으로 말미암아 이러한 現實的인 挫折과 絕望은 오히려 內面의 더 깊은 새로운 世界를 열어가고 있었던 것이니, 이것은 마치 苦難 속에서 人間精神은 더욱 빛을 발하는 것을 證明함은 아닐런지.

先師는 이처럼 現實의 險難한 難關에도 屈하지 않고 오히려 한 걸음 앞으로 나아가면서 자신이 처한 모든 問題의 窮極的인 解答을 正面에서 찾아가기 시작했다. 미처 어린 티를 벗지 못한 少年時節부터 國立圖書館에서 밤을 꼬박 새워 東西古今의 여러 典籍을 耽讀涉獵했고, 새로운 思想을 探究하느라 더위와 추위를 不覺했으며, 잠을 줄이고 촌분을 아낀 時間을 보다 根源的인 자신의 內面을 향해 純粹히 一路志向해 갔던 것이다.

祖國獨立에 대한 苦惱와 人間內面에 대한 熱情的이고 眞摯한 探究는 先師를 빠른 速度로 變貌시켰으니, 가히 早熟이다. 先師가 평소 가졌던 치열한 問題意識 때문이었으리라. 즉 人間尊嚴, 祖國獨立, 世界平和에 대한 熱望과 萬人이 平等하게 삶을 누릴 수 있는 自

由에 대한 드높은 關心이 當時의 先師를 온통 사로잡았고 또 不撤晝夜로 東西古今의 典籍에 매달려 不斷히 精進하게 했던 動因이었음을 본다. 훗날 大覺行願救國救世의 覺運動을 통해 그 때부터 추구했던 일을 具體的으로 빠르게 成就實現해 간 것을 보면 그 當時의 先師가 걸었던 길은 이미 스스로가 定한 하나의 과정인 過去前生 誓願이었음이 틀림없다.

5

先師의 靑少年期, 精神的인 行脚에 대한 世間의 만남은 박종홍·유진오·홍진기·김기두·박일경·황의돈·이양하·권중휘·김윤경·이병기·이희승 等 당대의 諸碩德이었다. 그렇지만 先師의 苦惱어린 思考는 이미 餘他의 理論이나 學說을 모두 넘어서 가고 있었다. 存在에 대한 根源的인 疑問과 糾明이 二元論의 世間學으로는 풀리지 않았던 것이다. 人間存在에 대한 疑問, 窮極的 糾明이 결국 모든 學問의 基礎가 되고 治世의 出發임을 先師는 생각하게 되었고, 그럼에도 불구하고 世間의 그 어떤 學問으로도 先師의 存在에 대한 깊은 問題意識의 出口가 될 수 없었다. 그것은 先師에게 또 다른 길을 豫見해 주고 있다는 것을 말해 준다.

바야흐로 이제 先師에게는 世間의 限界를 벗어날 때가 차츰 다가오고 있었다. 뭔가 보이지 않는 힘이 작용하고 있어서 하나의 豫定된 새로운 世界로 先師를 引導해 가고 있었다. 즉 先師 自身의 過去前生 普賢誓願이 今生의 先師를 그렇게 引導하고 있다는 사실이다.

그 때 先師는 이미 몸에 무거운 病이 들어 있었으나 전혀 아랑곳하지 않고 人生의 참된 길, 萬人이 念願하는 진정한 自由와 平和, 오직 그 길을 찾아서 푸른 눈길을 萬古不變한 眞理의 世界를 향해 서서히 돌리고 있었다. 後人은 先師의 이 決行의 광경을 과연 뭐라고 말할까? 宜當 爲法忘軀라고 하지 않을까!

先師의 그 길에, 世間恩師인 韓國大學 設立者 韓觀燮 先生의 勸諭와 引導는 指南이 되었을 테고, 몸의 病은 動因이 되고 宿世의 誓願은 勇氣가 되었을 것이다. 先師는 주변의 配慮, 곧 時節因緣의 成熟과 자신의 善根으로 옛 因緣의 길을 좇아 古路南行을 決行하였다. 때는 1950년 가을, 先師 年齒 24歲였다. 先師는 國軍이 北進하는 同族戰場 승리의 喊聲과 大砲소리를 뒤로하고 菩薩軍이 生老病死와 爭鬪하는 一大事戰場을 찾아 홀홀히 南進해 갔다. 靑年 高秉完의 宿世誓願을 따르는 古路南行이었던 것이다.

6

그로부터 東山大宗師에게 受戒爲僧하기까지 滿 十年歲月, 江山도 변한다는 時間 속에서 先師는 한 번도 左顧右眄하지 않고 오직 겸허하고 경건하게 處士·行者의 身分으로 自請自願하여 百千의 온갖 難行苦行을 敢行했다. 이는 실로 救世大悲의 願力菩薩이 스스로 몸을 낮추어 간절히 無上道를 닦아 나간 저 옛일과 같다 할 것이다.

드디어 先師는 佛祖의 恩惠를 갚아야 할 때가 왔음을 스스로 알아차렸다. 이에 大死一番의 護法誓願과 出格丈夫의 산도 비켜서고 강물도 거꾸로 흐르게 할 勇猛精進의 大信心과 大奮心을 일으켜 受戒爲僧의 길로 들어섰다. 때는 1960년 봄, 節氣는 好時節 萬物이 다투어 躍動할 때였다.

受戒爲僧의 神聖과 尊嚴을 崇尙하여 그토록 오랜 歲月 功을 들여 大悲誓願을 갈고 다듬어 키웠던 先師, 이제 大死一番의 受戒決行으로 佛陀의 聖弟子가 되었으니 先師의 이 受戒爲僧이야말로 가히 하늘 꽃이 활짝 핀 것이라고 하겠다. 그로부터 先師의 活潑潑한 奮心의 求道心은 더욱 큰 勇猛精進이 되었고 一世의 無比한 信心은 爲法忘軀의 菩薩獻身이 되어 艱難에 처한 宗團과 東國學園을 구해내었으니 가히 扶宗救校의 偉業이라 하겠다. 이는 실로 大韓佛敎가 지닌 淸白家風의 悠久한 修行傳統을 되살린 오늘의 統合宗團과 菩薩群養成에 튼튼한 礎石을 놓은 一代壯擧라고 말하지 않을 수 없겠다.

先師의 이런 열렬한 求道心과 뜨거운 大悲心은 그 어디에서도 멈추지 않았고 머뭇거려 망설이거나 정지하지도 않았다. 언제나 諸佛께 길을 물었고 어디서나 祖宗의 뜻을 살폈다. 새롭되 여의지 않았고 존중하되 구속되지 않은 면모는 오로지 저 대비심의 발로였다.

7

대저 金河思想의 根源陶冶地는 禪門이다. 禪을 빼거나 떠나서는 金河의 佛光이나 光德思想을 論할 수 없다. 禪에 대한 믿음이나 이해 없이는 先師의 立脚處를 알 수 없다는 뜻이다. 그러므로 禪家의

禪師로서 先師의 思想典據는 大藏經 般若部와 六祖大師의 法寶壇經 等을 奉戴했고, 思想眼目은 일찍이 碧巖錄과 無門關 등에 契合하여 祖師語錄을 널리 親近했으며, 思想行範은 華嚴經 普賢行願品과 蓮池大師의 禪關策進 等의 古鏡을 準據로 삼았다. 따라서 般若具眼의 先師께서 禪家門風의 禪子歸着地·衲子立脚處는 般若眼成就라고 딱 잘라 말했다. 즉 般若具眼者에게 비친 世界實相이 華嚴緣起이고 그 功德實性이 法華實相이라고 主唱하고 說破하였다. 또한 이는 般若具眼者라면 누구나 徹見了解할 수 있는 無爲權能이라고 闡明하였다. 華嚴과 法華는 따로 배워서 얻는 것이 아니라는 것을 말하고 있다. 般若具眼者라면 저절로 알게 되고 보게 되는 本地風光임을 말하고 있는 것이다. 이는 北方禪을 世尊의 般若大法에 다시 歸結하여 如來長子의 正統性을 確立시킨 般若菩薩의 一大壯擧이며 바야흐로 禪門正路이고 大悲廣路이다. 뿐만 아니라 이는 뒷날 佛光結社에 不動의 信心과 卓越한 眼目이 되고 超出한 面貌가 된다.

8

일찍이 그러했기에 救宗救校의 宗團所任을 圓滿한 뒤, 宜當 새로운 佛事에 몸을 던졌다. 즉, 1974년 9월 1일 佛光會를 創立하여 오로지 부처님 大覺의 覺行圓滿을 통한 救國救世의 世紀的 廣作佛事를 果敢하게 열어나간 것이다. 부처님 大覺의 覺行圓滿은 般若波羅蜜多와 普賢行願을 根本으로 하고 先師의 孤峻한 慧眼의 所産인

'한마음憲章'과 '普賢行者의 誓願'으로 時代의 眼目과 寶船을 띄워 妙方便을 삼으니, 이는 곧 大韓民國時代에 登場한 저 大乘佛教運動의 또 다른 이름인 般若波羅蜜多結社다. 그 信仰은 正法護持發願과 法燈의 點火點燈運動인 傳法大行을 통한 菩提道의 圓滿具現이다.

과거 歷史的으로 發生한 모든 佛教運動에는 地域이나 時代를 超越하여 분명한 大義가 있고 共通點이 있다. 그것은 부처님 本來의 가르침으로 돌아가자는 것이다. 역시 先師께서 提唱하신 韓國佛教의 새 물줄기인 佛光運動의 純粹佛教宣言도 부처님 本來의 가르침으로 돌아가자는 內容을 主要骨子로 삼고 있다.

聖中聖 天中天이신 우리 大聖께서 드리우신 人天之慈悲網에는 작은 고기 한 마리도 지나치지 못하듯이 大願大行의 普賢道는 단연 時空을 뛰어넘은 그 기세로 역사의 새 물줄기가 되어 佛緣之地인 靑丘의 民草에게 온전한 生命을 불어 넣었음이라. 이는 참으로 佛祖의 뜻을 오늘에 이은 人天의 眼目이며, 向上一路의 衆生成熟과 國土成就의 廣作佛事가 아닐 수 없고, 億兆蒼生의 크나큰 鴻福이 아닐 수 없다.

우리 韓國佛教 祖宗이 綿綿히 이은 心印을 普化應同의 攝化로 이 時代에 다시 꽃피우고 열매 맺은 本地風光의 참 面貌가 이 아닐런가! 아아, 가히 壯擧로다. 이 前代未聞의 壯擧로 말미암아 佛光이 韓國佛教의 새 물줄기로 自任하게 되었던 것이며, 純粹佛教宣言은 般若波羅蜜多結社文으로 歷史的인 佛光運動인 般若波羅蜜多結社의 그 巨步를 내딛게 된 것이다.

9

위없는 眞理를 法이라고 尊崇하는 까닭은 宇宙萬有의 根本法則인 緣起를 말하고 있기 때문이리라. 그 尊崇하기 그지없는 法則은 先師께도 예외가 될 수 없기에 先師의 肉身이 온 것처럼 가야 할 때도 차츰 다가오고 있었다. 當代의 ‘救世大悲 願力菩薩’로 이 땅의 菩薩群으로부터 아낌없이 稱頌받았던 先師, 해야 할 일들이 아직 무수히 남았지만 이제 자신의 世間因緣이 다했음을 스스로 알고 當日 아침 일찍 不肖에게 길 떠날 消息을 미리 傳하셨다. 그러나 不肖 鈍機는 미적거리다가 그만 때를 넘겨 千秋에 씻지 못할 不孝의 大罪를 짓고 말았다.

땅을 치고 痛憤哀惜하게도 이미 先師 스스로 손을 들어 뜻을 전할 수 없고, 입을 열어 말할 수 없는 절체절명의 바로 그 상황에서 불초에게 최후의 咐囑인 두 줄기 눈물만 남겨 놓으신 채, 1999년 2월 27일 오후 2시 무렵, 世壽 73세로 모든 敎化之生을 마치 학이 소나무에 앉음에 사뿐 날개를 접듯이 조용히 入般若無相三昧로 化歸本空하셨다. 그렇지만 先師, 生前에 還生을 그토록 다짐 두셨기에 바야흐로 光風齊月을 맞이 하셨음을 이제 믿어 의심치 않는다.

그러한 先師 一代의 眼目은 저 金井法喜로부터 無相三昧에 이르기까지 오로지 한 길로 如如不動했으니,

울려서 法界를 진동하여 철위산이 밝아지고

잠잠해서 겁전 봄소식이 겁후에 찬란해라.

일찍이 형상으로 몰형상을 떨쳤으니

금정산이 당당하여 그의 소리 영원하리.

이 한 곡조 노랫소리로 후인은 선사를 엿보리라. 가히 三主와 五
香의 근원임을 짐작해 알 것이다.

10

이제 先師 入寂 滿 十年에 즈음하여 다시 가슴을 여미고 生前에
보여주신 一大事 救世大悲의 敎化因緣을 흠앙하니 先師께서는 이
미 過去前生에 큰 誓願을 세우고 이 땅에 오신 下生菩薩이라는 생
각이 더욱 간절하다. 그 까닭은 先師, 자신의 생애와 法統이 잘 설
명해주고 있다.

先師는 日帝强占의 暗黑期에 民族과 國家의 根幹인 國土生命이
지닌 尊嚴性과 重要性을 일깨운 獨立救國運動의 횃불이셨던 大覺
敎 龍城祖師의 門孫으로 精神座標를 祖師에게 淵源했고, 禪思想의
實參實修를 통한 重興祖道의 典範이신 東山大宗師의 門人으로 禪
家의 骨髓를 生得繼承했으며, 般若眼에 立脚한 人間存在의 糾明에
따른 社會科學的인 실제의 方法과 接近의 活路는 金剛經讀誦救國
願力隊를 主導하신 昭天老禪師의 法嗣로 그 救世方略을 얻었다. 또
한 同門師兄이신 性徹宗正께는 琢磨知音으로 空門의 三千威儀와
八萬細行에 卽問卽答의 典據를 授受했고, 이를 先師의 譯經序文을

통해 온 天下에 菩薩大道의 큰 뜻을 함께 闡明하기도 했다. 超出綿綿한 一世의 家風을 모두 이어서 마침내 韓國佛敎의 새 물줄기인 佛光結社의 般若·行願의 圓融佛敎를 이루어 내었다.

11

또한 先師 生平, 그 가난한 肉身을 菩薩의 行願力으로 꿋꿋하게 이기고 廣大한 誓願과 무수한 妙方便으로 佛光의 횃불을 높이 세워 大覺行願救國救世 運動을 통해 우리 겨레와 인류에게 戰爭없는 世界平和의 原理와 그 길을 환히 밝혀주었다.

先師께서 娑婆世緣을 거두시는 마지막 梵魚寺 永訣式場, 한 高德은 追悼辭에서 世上을 밝혀주는 등불이 꺼졌다고 歎息하여 슬퍼해 마지않았다. 사실 先師께서는 佛光運動을 하면서 부처님 뜻을 거스르지 않으려고 섬뜩하게 날선 般若戒嚴의 寶劍을 언제나 자신의 목에 대고 살았다. 先師는 시대변천이라는 이유로, 사람의 根機라는 핑계로, 내지 方便이라는 美名을 앞세워 恣意妄發을 부리지 않았다. 그 한 예가 어떤 경우에도 인류와 전 우주의 공유가치인 法을 매매하지 않았던 것이다. 先師께서 몸담았던 이 世上과는 너무나도 달랐다.

이제 先師 떠나신 지 十年이 지나고 보니 아무도 그 일을 繼承하지 않고 아무도 그 일의 重要性을 認識하지 못하고 있다. 심지어는 先師의 業을 차지하고 있는 계승자나 가까운 권속들마저도……. 아아, 참으로 송구하기 그지없는 일이다.

저 부처님의 거룩한 가르침은 마땅히 人類가 公有해야 할 無限價値인데 어찌 特定集團이 所有權을 主張할 수 있으며 어찌 몇 마디 字句를 說明하며 解說하고 금전을 받아야만 하는가? 가히, 이는 부처님을 否認하고 욕되게 하는 妄發이고 佛法을 가로막는 逆徒의 소행이리라. 先師 가신 이후 그 누구도 이 問題의 深刻性을 모르고 있다. 이 한 가지만 보아도 高德의 말 그대로 先師 가심은 등불의 꺼짐을 뜻함이어라.

이것이 진정 救世門中의 來歷이고 傳燈의 菩提道를 自任한 佛光의 面貌이다. 이는 先師 홀로 이룬 願力佛事가 아니고 諸佛菩薩과 人天聖賢이 加護하신 格外之本然의 大悲正法佛事다. 어찌 벗어나랴! 누가 감히 범하랴! 흗.

거듭 簡明하자면 先師께서 靑丘에 傳燈以來 歷代祖師와 諸大宗師의 가호와 인도하심에서 近世의 龍城祖師에게 횃불의 뜻을 얻었으며, 東山老師로부터 空門의 標準을 얻었고, 昭天老師에게 度世濟衆의 方略과 救國救世에 相應하였다. 또 性徹宗正과는 敦篤한 佛心相交로 救世願力과 普賢解行을 온전히 하여 解脫正路의 大悲正路를 萬歲에 標榜한 同志였다. 아, 이로부터 諸佛菩薩과 萬歲聖賢, 諸天仁者의 加護와 引導에 따라 格外之本然의 大悲正法佛事인 佛光傳燈 正法久住가 永世相續하리라!

南無摩訶般若波羅密多

南無大行普賢菩薩摩訶薩
南無是我本師釋迦牟尼佛

大禪師 歸空 十年을 당하여
불기 2553년 정월
청량도솔산 도피안사 묘향대에서 焚香 敬書

淸凉兜率山 到彼岸寺 創建緣起文

1

巍巍한 偉容은 滿洲를 앞마당으로 두었고, 蕩蕩한 눈길은 몽골大
草原을 凝視하며, 鐵壁의 筋骨과 姿態는 西域摠嶺에 모여든 合脈의
始原이며, 그 脊梁과 旺根은 靑丘韓域에 둔 저 太白靈山—, 白頭天
淵靈頂은 가히 忍土地球의 깊은 神秘와 廣大雄偉의 威容으로 자리
하고 있음이로다.

아아, 太白靈山은 忍土의 根幹이며 諸天의 北斗로다. 忍土가 億
兆蒼生을 두루 갈무리하듯 靑天의 北斗가 星群을 거느리듯 저 靈山
이 靑丘와 忍土에 미친 慈愛는 두루하지 않음이 없다. 巍巍한 氣像
은 하늘과 땅에 가득하여 가히 彌天滿地의 大勇力을 갖췄음에 사뭇
忍土之根이고 諸天威嚴일새라. 神秘한 氣像과 無比의 勇力으로 그
態度와 容色을 갖췄으니 뭇 生靈들이 筆舌로 다가가지 못하여 무릇
그 形容을 頓絶하매 짐짓 太白이라 했고 白頭라 假名하였도다.

白頭의 뿌리가 깊어 雄渾한 氣魄이 나왔고, 품이 넓어 廣闊한 氣
勢를 갈무리하여 솟구치니 바로 忍土의 骨幹이 되었고 萬邦을 굽어

보는 거느림 되었다. 神靈慈愛한 白頭는 우리 靑丘韓域에 등뼈를
두어 大幹을 이루었고 갈비뼈를 나누어 正脈을 삼았으니 그 岡彊의
配慮는 하늘과 땅의 智謀로다. 宜當 靑丘岡彊勝地는 天地造化의 母
인 緣起의 奧妙한 法理일세, 不可思議 難思解라. 가히 하늘과 땅과
人間의 손길이 모두 미치지 않은 곳의 일이로다. 그 一心造化翁의
深謀遠慮에 바야흐로 勝族出現의 時節因緣이 到來함이로다.

2

白頭靈山의 뼈대인 縱橫의 大幹正脈이 巧妙히 어우러져 勝族의
머리와 心臟을 감싸 안았으니 慈悲가 至極하다고 말하지 않을 수
없고, 용트림 千峰萬壑 여러 갈래로 물길을 孕胎하여 열었으니 衣
食住를 豊饒케 하여 滿腹堪當을 알겠구나. 그 扶養의 敦篤함을 어
찌 모른다 하랴. 저 白頭靈山의 至恩이 없었다면 하물며 靑丘에 億
兆蒼生의 生育이 가타 하리오. 당연히 白頭靈山의 그 氣像으로 그
氣魄으로 살아갈 수밖에 없는 宿命의 땅에 宿命의 삶들이어라. 이
는 大綱이라 淵源의 詳細를 더하리라.

저 白頭靈山의 뜻과 몸으로 한 통속인 大幹이 靑丘의 등뼈로 鬱
鬱旺旺 뻗어 속리산 天王峰에 이르렀고, 거기서 돌연 天地震動의
雷聲霹靂을 터트려 靑丘의 心臟을 감싸는 또 하나의 우람한 骨幹을
出生시켰으니 漢南錦北正脈이어라. 天聰駿馬가 돌연 두 발을 번쩍
들고 날뛰듯 치솟았으니 그 氣勢 무엇이 감당하고 어디에서 머뭇거

리랴. 순식간에 忠淸을 거쳤고, 一擧로 京畿에 발을 들여놓자 홀연
히 君華가 炎天에 꽃 봉오리 맺듯 造化靈地했으니 곧 蓮華浮水의
天藏秘地 淸凉兜率洞天이구나. 그토록 사나운 氣勢와 雄渾한 氣魄
으로 이 當處의 妙色을 巧妙히 갖췄으니 自然妙用이라 하지 않을
수 없고, 太初以來 여태껏 가만히 秘藏한 것은 未來衆生을 救濟하
려는 大義를 품었기 때문이리라. 가히 諸佛聖賢이 點指하여 加護한
佛緣之地로다. 七賢山에 이르러 두 갈래로 나뉘기 직전 白頭靈頂의
힘은 고스란히 여기 멈추어 凝縮되었음을 봄에다. 분명, 저 白頭靈
淵의 壯大한 뜻과 그 智謀를 알겠구나. 길 나선 正脈은 이곳 淸凉兜
率山에서 소임을 성취하고 곧 七賢山에 이르러 한 줄기는 태안반도
로 또 한 줄기는 김포에 도달했다.

　이 땅 靑丘疆土를 사람의 身體에 비유하면 骨格은 튼튼하고 肉質
은 부드러워 피돌기가 旺盛하니 剛溫을 갖춘 健壯한 몸이라. 점점
이 要穴이고 굽이굽이 吉地라 하늘은 祥瑞의 氣運을 아끼지 않았고
땅은 瑞氣의 靈感을 불러일으켰다. 특히 이곳 安城은 말대로 佛緣
之地 彼岸임에 天災가 스며들지 못하는 天守城임을 古來로부터 일
러왔다. 뿌리는 대로 온전하니 하늘이 그 結實을 지키고 거둠에 義
出豊年의 道德을 드높이니, 仁心과 萬德의 自生地로다. 이곳 淸凉
兜率山 頂上인 毘盧峯은 分岐點으로 天雨가 남서쪽으로 내리면 忠
淸錦江의 水源이 되어 人心을 맑게 하고 東北쪽으로 내리면 南漢江
의 水源이 되어 首都를 豊饒롭게 하여 國勢를 드높이니 가히 地勢
와 地形의 補益別處이다.

아, 天森羅地萬象과 世上人生萬事, 그 어느 하나인들 偶然이 있겠는가! 그러하심에 이 淸凉兜率山은 宜當 부처님과 諸聖烈祖께서 點指하시고 引導하신 곳이어라. 般若波羅密多結社 普賢會海의 修行處로 내리신 恩惠와 誓願의 宿緣地일세.

3

대저, 어찌하여 東北인가? 人類始原 以來 비뚤어지고 着色된 思潮의 사나운 물결에 휩쓸린 人間心性은 바야흐로 驕慢과 貪慾으로 昨今에 이르렀다. 이제 그 絶頂에 到達했으니 이는 畢竟 새 世上을 點指하고 예비하고 있음을 뜻하누나. 이에 救世의 願力이 때를 맞추어 到達하니 分明 龍華會上이리라. 世人들이 말하여 後天開闢이라고 하지만 旣存의 나머지로 얼버무려 解決 볼 일이 아니기에 革新의 뜻을 內包하고 있음에 分明 저 白頭靈山이 새 世上이 열림을 예비하고 許諾하였도다. 宜當 東北坐向은 本意를 따름일세. 子息이 그 父母를 俯仰하듯 나그네가 달밤에 故鄕을 바라보듯 首丘初心의 坤坐艮向은 淸凉兜率이 白頭靈頂을 望向함에 母子相應의 天規秩序이어라. 이로써 普賢大道場 淸凉兜率山 到彼岸寺 大寂光殿에 三尊佛을 모시든 三世佛을 모시든 菩薩을 모시든 敎外의 賢人君子를 모시든 그 뜻은 오로지 彌勒에게 있구나.

이 佛緣地는 太初에 根源之地인 東北望向으로 時節因緣을 待하고 있었으니 저 靈山이 뜻한 바와 다르지 않아 한 치도 벗어나지 않았다. 蓮華浮水의 佛緣之地는 劫前에 갖추었고 다시 劫後에 時節因

緣到來했음이라. 가히 그 秘藏之意와 形容姿態가 奇奇妙妙하다고 말하지 않을 수 없다. 드디어 하늘이 巧妙히 감춘 天藏秘地를 옆에 諸天이 圍繞하고 一切衆生이 恭敬히 그 大義에 順從했으니 이는 必是 人天之志의 契合이로다.

이 時節因緣의 主人翁 開山祖는 大韓民國時代 大覺行願救國救世의 大道를 열어놓은 三主祖師 金河堂光德大禪師이다. 바야흐로 驕慢과 貪慾의 濁世에 彌勒이 臨하실 때라. 어찌 凡常한 일이랴. 맞추어 산을 열고 般若波羅密多結社 本山으로 命名하심에 저 白頭太初의 뜻과 開山祖 念願이 다르지 않음을 이에서 더욱 알겠구나.

4

京畿道 安城市 竹山面 龍舌里 1178 - 1의 淸凉兜率山에 開山祖의 上佐인 松菴堂 至元和上이 敷地를 買入하자 開山祖께서는 到彼岸寺 이름을 作許하시며 1992년 7월 6일 開山을 命하시고 이어서 三年을 住錫하셨다. 그 사이 追加로 隣近 敷地買入을 指示하시어 開山祖께서 提唱한 韓國佛敎 새 물줄기의 本據地가 될 것을 멀리 豫見하시고 그 基礎를 하나하나 形成하도록 善處하셨다.

이는 가히 諸佛菩薩의 妙策 아님이 없고 護法善神과 諸天列曜의 神策 아님이 없다고 할 것이다. 宇宙萬有의 引導하심과 뭇 護法善神이 圍繞하고 加護하였으니, 오늘이 있음에 後人들은 稀有로 感得點頭하고 水月虛襟으로 다투어 胸懷를 열어 도달하리라.

저 大河도 小泉에서 연원하듯 인간사 아무리 큰 일도 시작은 평

범한 일상사에서 비롯되듯이 때에 創建主 松菴堂 至元和上이 大處를 피해 조용한 工夫處所를 물색하던 중 이곳 竹山 到彼岸寺 隣近인 보개면의 홍승태 님의 주선으로 그의 집 뒤 다랑논을 약간 매입하였다. 곧 간소한 토굴을 장만하려고 整地하자 문득 洪氏가 자신의 땅과 交換을 제의하여 왔다. 홍씨와의 인연은 佛光寺의 信心檀越인 妙淨性 佛子의 養女가 홍씨의 부인이었기에 이루어졌고 거기에 惠照佛子의 信心이 더해졌다.

위치는 中部高速國道의 一竹關門에서 남서쪽, 차로 10여 분 거리다. 龍舌湖가 入口에 淸淸하고 山勢의 봉우리는 솜씨 좋은 사람이 재주를 뽐내어 만들어 둘러친 듯 보는 이로 하여금 저절로 터져 나오는 感歎의 외마디가 심금을 울리는 別有天地非人間의 修行處이다. 가히 들면 山中이고 나면 四通八達이다. 누구나 이곳에 도달하면 연꽃잎이 잘 둘러진 봉오리 안에 간직되어 있는 蓮心의 叡感을 얻는다. 水月老師께서나 通光師께서도 단박에 蓮華浮水로구나 하는 歎聲을 터트렸고 張三李四 누가 보아도 눈을 크게 뜬다. 거기에 時節因緣到來를 苦待하고 있었던 듯 마을의 里長 惠山佛子가 협조했고 竹山 하삼의 惠峰佛子가 淸凉兜率山을 여는 基礎土木을 맡았다. 土地買入後 三餘年, 정확하게 1991년 11월에 基盤土木工事를 벌이게 되었고, 미리 山神祭를 올려 뭇 生靈께 고하고 當年 12월에 사람이 들어앉을 50坪의 요사채를 조립식 임시건물로 먼저 지었다. 法堂을 짓기 위한 준비였다. 다음 해인 1992년 3월부터 組立式 法堂建立을 시작했다. 이에 大圓行菩薩 이빈화 佛子를 비롯한 佛光寺

檀越들이 적극 동참했다. 당초 3餘年 지내다가 木材法堂을 다시 지을 요량으로 工期가 빠른 조립식을 택한 것이었다. 서두른 것은 松菴和上 스스로가 佛光寺를 떠나야 할 때가 臨迫했음을 感知하고 있었기 때문이었다. 불과 4개월 만에 사람이 살면서 修行할 수 있도록 대강의 준비를 갖췄다. 이에 당년 7월 6일에 開山, 奉獻法會를 奉行하였다.

當日 午前에 出家在家의 大衆들을 거느리고 法主이신 開山祖께서 이른 오전에 三尊佛 點眼을 執典圓滿하시고 이어 巳時에 奉獻法會를 열었다. 點心供養 後에는 梵魚寺 無比스님의 '普賢道場 淸凉兜率山 到彼岸寺 開山大法會' 記念, 《金剛經五家解》講座, 그 첫날을 열었다. 그 무렵 創建主인 松菴和上이 佛光出版部의 責任者로 있었고, 그는 수년 전 文書布敎에 所任을 맡게 되자 곧 梵魚寺 無比스님을 찾아가 國譯 金剛經五家解 刊行을 제의하였었다. 마침 明心會 라는 出家者들 모임에서 講說한 金剛經五家解 錄音 테이프가 保存되어 있다기에 일일이 풀어서 만 3年 만에 책으로 刊行한 때와 일치하여 이에 出版記念法會를 더하였다. 이곳 淸凉兜率山은 般若本山의 역할을 自擔해야 하기에 開山記念法會로 金剛經五家解 講座를 열었던 것은 성현의 인도하심으로 믿는다. 또한 그 때까지 韓國佛敎에는 金剛經五家解 國譯의 完譯本이 없었다. 이에 到彼岸寺는 名實 共히 般若本山으로 그 面貌를 갖췄다고 자긍할 것이다. 2週의 열흘에 걸쳐 延人員 2千餘名이 참가하였으니 大處도 아닌 시골에서 매일 모인 同參大衆으로는 적은 숫자가 아닌 盛況이었다고

입을 모았다.

그 때 法會同參한 스님들은 하루 전 7월 5일, 이곳 淸凉兜率山에서 하룻밤을 지내고 다음 날 點眼儀式과 奉獻法會와 講座에 참여하기로 했다. 그 날 잠을 자면서 꿈을 꾼 松宇尼의 고백으로는 이 산중에 머리를 새파랗다 못해 하얗게 깎은 스님들이 요사채 앞마당에 가득 雲集했고, 또 道成尼의 꿈에는 자기 자신이 맑은 물에 들어가 목욕을 해 몸이 상쾌하고 청량한 느낌을 받았다고 했으며, 이 밖의 檀越 몇 사람의 꿈에도 많은 스님들이 袈裟長衫을 차려 입고 열을 지어 道場을 빙글빙글 도는 광경을 꿈꾸었다고 했다.

더욱이나 첫날 金剛經五家解 法門을 할 때는 앞쪽에서 알 수 없는 香氣가 일어 大衆들이 의아하여 서로 바라보기도 했다. 흔히 說法場에 天人들이 同參하면 향을 피우지 않아도 미묘한 향기가 퍼진다고 하였는데 바로 그런 일이 그 자리에 나투었던 것이다. 향기는 地上의 香薰이 아니라 맑고 非凡하고 微妙하기가 이루 말할 수 없는 저 구름 밖에서 온 淸香의 天香이었다. 향훈은 마치 바람을 타고 춤이라도 추듯이 이리저리 움직임을 더하여 同參大衆들이 모두 歡喜感知하였다. 同參者들은 僧俗을 莫論하고 말할 수 없는 神秘와 感激에 몸을 떨어야 했다. 이로써 開山法會는 天上의 聽法大衆들도 同參한 歡喜大法會였음을 否認할 수가 없게 되었다.

그 후 일간에 서울에 사는 明慧性 佛子가 法堂 옆 宿所에서 잠을 자게 되었는데 하늘에서 마치 유성처럼 내리는 것이 있어서 가만히 살펴보니 허리에는 칼을 차고 衣服을 端正히 입은 神將 한 분이 威嚴있게 내려와서 法堂 앞 처마를 딱- 받치고 서 있더라는 것이다. 護法善神의 擁護道場으로 神異한 일은 이뿐만이 아니었다.

처음 創建主가 이 山을 만나 기쁜 나머지 佛光法主이신 開山祖께 한 번 걸음 하실 것을 懇請했었다. 訪問하신 다음 날 創建主가 아침 문안을 드리자 첫 말씀에 "거기에 道人 나겠어!"라고 운을 떼어 주셨다. 당년 4월 2일 서울 세종문화회관에서 普賢行願頌 발표와 7월 6일 到彼岸寺 開山과 그 해 후반 創建主의 佛光所任 再擔當으로 숨 가쁜 시간이 연속 이어졌고 그 과정 안에 하늘과 땅마저 놀랄 일이 내포되어 움트고 있었다. 한량없이 깊은 뜻을 그 안에 숨긴 채.

5

그 이후 阿羅漢殿은 德山佛子의 發願으로 시작되어 信心檀越들의 多數同參으로 成堂, 봉헌하였고 香積堂은 李淳國·辛松心 佛子 內外의 令息 法然居士의 往生淨土 發願으로 奉獻되었다. 또한 于今에 이르도록 妙德心 佛子를 비롯한 在家의 護法善緣들이 普賢道場을 지켜가고 있고 開山祖의 가르침을 받들어 가고 있다.

開山祖의 大悲誓願과 還生之處의 뜻이 서린 이곳 到彼岸寺는 어언 올해로 開山 十七週年을 맞이하게 된다. 비록 江山이 두어 번 바뀔 만큼의 歲月이 흘러갔어도 그동안 開山祖의 遺囑을 받들었다고 자부할 만한 일은 없으니 참으로 悚懼한 마음을 禁할 길 없고, 哀惜한 마음 감출 곳도 없다.

삼가 고개를 숙여 다시 지난 歲月을 돌아보니 마땅히 해야 될 일임에도 못한 일이 너무나 많다는 것만 거듭 痛感할 뿐이다. 그러나 때에 이르러 새로운 決心을 다지기 위해 먼저 開山祖께 懺悔하고, 이제부터라도 다시 勇猛精進·不惜身命으로 開山祖의 遺囑을 이어갈 것을 再三 決意해 마지않는다.

開山祖師께서 遷化의 法門을 보이신 지 十年이 지난 오늘의 시점에 다시 그 孤峻獨步한 뜻을 宣揚하고자 諸方의 大德明賢께 創建緣起文을 成案, 삼가 그 法案에 올려 감히 法嗣가 擔當해야 할 佛事에 證明이 되어 주십사 이렇게 懇望한다. 이것이 到彼岸寺 創建의 本領임을 거듭 밝힌다.

佛紀2553(己丑)년 정월 撰

인연의 말씀

위없이 존귀하신 三寶에 身命을 바쳐 歸依하오며, 여기까지 오신 모든 善緣을 기쁜 마음으로 영접하며 찬탄합니다.

이곳 보현도량 청량도솔산 도피안사는 般若를 崇信하고 行願을 圓滿하는 修行佛行의 正法道場으로 불기 2536(1992)년 7월 6일, 金河堂光德大禪師께서 開山하여 반야바라밀다결사 傳法大本山의 본찰로 정했습니다.

出家·在家의 모든 수행자들이 오직 般若波羅密多 正法으로 聖賢과 菩提道와 衆生에게 무아헌신하고자 원을 세운 이곳, 보현도량 청량도솔산 도피안사는 일체중생 모두가 智慧·慈悲의 주인공임을 스스로 깨달아 들어가는 보살 立脚處이며, 더불어 함께 사는 彌陀佛地村입니다.

항상 빛나는 佛性生命으로 서로를 대하고 모두를 우러르며, 衆生成熟·國土成就의 地藏大願과 普賢大行을 다짐하고 誓願供養하는, 이 도량에 오심을 거듭 환영하며 찬탄합니다.

감사합니다.

나무마하반야바라밀다

나무대행보현보살마하살

나무시아본사석가모니불

불기 2547(2003)년 7월 6일 개산 11주년을 맞아

반야바라밀다결사 수희동참 대중일동 합장

차례

1. 보현도량 결사문(結社門)

법등가족 특별모임 자료

2. 보현도량 기도문(祈禱門)

3. 보현도량 반야문(般若門)

4. 보현도량 행원문(行願門)

5. 보현도량 의식문(儀式門)

1

보현도량 결사문

結 社 門

반야바라밀다결사에 부쳐

　반야바라밀다결사(般若波羅密多結社) 법주(法主)이신 금하당 광덕대선사(金河堂光德大禪師)께서는 용성조사(龍城祖師)의 법손(法孫)으로 출가득도(出家得度)하여 조사의 대각교(大覺敎) 운동을 문중법통(門中法統)으로 생득(生得) 계승했으며, 은법사(恩法師)이신 동산대종사(東山大宗師)의 중흥조도(重興祖道)와 복국우세(福國佑世)의 위업(偉業)에 의지하여 법휘찬연(法輝燦然)한 현밀상전(顯密相傳)의 청구법풍(青丘法風)을 크게 떨쳤고, 영속부단(永續不斷)한 종문법통(宗門法統)의 대의(大義)를 오늘의 현실 위에 불광(佛光)이라는 이름으로 낭연하게 드러내었습니다.

　또한 법주께서는 일찍이 소천대선사(韶天大禪師)의 '각(覺)운동'에 크게 계합하여 대선사 건곤독보(乾坤獨步)의 활공사상(活功思想)에 흉금(胸襟)을 활짝 열어 불석신명(不惜身命)으로 대희동참(大喜同參)하여, 대각행원구국구세(大覺行願救國救世)의 대승혜명(大乘慧命)을 영속(永續)하기 위해 정법호지발원(正法護持發願)을 제창하므로 한국불교의 앞날에 빛나는 새 길을 열었습니다.

　법주께서는 동문(同門) 사형인 성철대종사(性徹大宗師)와 각별한

지음(知音)의 해행상교(解行相交)로 종단과 나라를 위해 절차탁마
(切磋琢磨)의 연찬(研鑽)과 용맹정진으로 보살서원을 일으켜 부종
수교(扶宗樹敎)·전법지상(傳法至上)의 대원을 위법망구(爲法忘
軀)·보현대행(普賢大行)으로 원만하였습니다.

이와 같이 법주께서는 제불고조(諸佛古祖)와 용상대덕(龍象大德)
의 각행원만(覺行圓滿)을 한달음에 흉섭(胸攝)하여 마하반야바라밀
다(摩訶般若波羅密多)의 대법(大法)을 크게 현발하여 종통설통(宗
通說通)의 자재한 힘과 비할 데 없는 서원의 힘과 구세방략의 묘방
편으로 한국불교의 새 물줄기를 자담(自擔)하였습니다.

실로 이로부터 법주의 삼천위의(三千威儀)와 팔만세행(八萬細行)
은 어느 것 하나 온전치 않음이 없어서 만화방편(萬化方便)의 일호
일진(一毫一塵)도 묘법(妙法) 아님이 없고, 부르는 대로 손에 잡는
대로 반야정법(般若正法) 아님이 없었습니다. 이로 말미암아 중인
(衆人)은 가히 인천(人天)의 사표라 입을 모았고, 일세(一世)의 자등
(慈燈)이라 칭송치 않은 사람이 없었습니다.

나아가 법주께서는 이 시대의 인류가 봉착한 여러 가지 난제(難
題)를 면밀히 파악하고, 거듭 활공구국구세(活功救國救世)를 펼쳐
나갈 대비서원(大悲誓願)의 큰 구름을 일으켜 감로의 문을 활짝 열
었습니다. 바로 이것이 부처님 정법혜명(正法慧命)인 〈반야바라밀
다·보현행원〉에 대한 신앙이고, 법주(法主)의 안목입니다. 바로 여

기에서 한국불교의 새 물줄기를 자담(自擔)한 저 광채어린 반야바라밀다결사문인 〈순수불교선언〉이 출현했습니다.

오로지 저희는 법주의 뜻을 받들어 〈반야바라밀다·보현행원〉의 실참실수(實參實修)인 국토성취·중생성숙이라는 대각행원구국구세의 근본과 제불고조(諸佛高祖)의 땅인 상적광토(常寂光土)의 참소식을 눈앞에 펼쳐, 사바세계가 바로 불가사의(不可思議) 해탈경계(解脫境界)의 보현국토임을 거듭 선언하고자 합니다. 이는 오로지 제불보살과 역대조사의 본회(本懷)이고 가호이며 인도임을 믿습니다.

이에 우리 '반야바라밀다결사 보현동지' 들은 '보현도량 청량도솔산 도피안사' 를 근본 터전으로 법주의 모든 유업(遺業)을 자담해 나가기로 하였습니다. 그것은 다름 아닌 반야바라밀다 신앙결사를 다시 굳건히 세워 법주의 뜻을 영세토록 계승하는 일입니다.

이처럼 커다란 포부에 비해, 그 걸음이 다소 더디고 우둔해 보이더라도, 저희는 오직 뜨거운 정진력과 불퇴전의 용맹심으로 법주의 유업을 바로 오늘, 여기 이 땅 위에 구현시켜 나갈 것을 엄숙히 내외에 천명합니다. 이에 법주께서 남긴 바른 가르침을 계승하고자 하는 결의를 세상에 널리 알리고자 먼저 이 책자를 발간합니다.

부디 법주와 더불어 대비구세의 길을 함께 하신 고승대덕·선현달사(高僧大德·先賢達士)의 높은 지도편달을 고대해마지 않습니다. 감사합니다.
나무마하반야바라밀다

2544(2000)년 5월
부처님오신날에 즈음하여

반야바라밀다결사 보현도량　　　法主　金河光德
전법대본산 청량도솔산 도피안사　開山祖　金河光德

社主·住持　松菴至元　　謹誌
결사동참대중일동　　　　敬拜

반야바라밀다결사문
-순수불교선언-

　부처님이 보신 바에는 인간은 어느 누구의 피조물(被造物)이거나 상관적(相關的) 존재가 아니다. 사람의 참 모습은 절대, 자존자(自存者)며 무한자(無限者)며 창조자(創造者)다. 일체 신성과 존엄과 가치와 권위는 그로부터 유인(由因)한다. 그것은 인간이란, 구극의 진리인 불성(佛性)의 실현이기 때문이다.

　그러므로 사람에게는 모든 덕성과 능력이 본래로 구족하다. 지혜와 자비는 그의 생리며 체온이다. 희망과 환희, 자신과 성취가 그의 맥박 이전부터 함께 있다. 사람은 본래로 축복된 자며 영원의 자재인 것이다. 그러므로 참된 인간세계에는 찬란한 광명이 가득하고 청정하고 싱그러운 기운은 대지 구석구석에 물결친다. 그러니 그 어디에 어둠이나 불안, 겁약이나 좌절이 깃들 것인가!

　이것은 본래의 것이다. 빼앗길 수도 없고, 미(迷)하였다 하여 변할 수도 없다. 이것이 영원히 변할 수 없는 인간의 모습이며 현실인 것이다.

헌데, 오늘날 우리의 세태(世態)는 그렇지만은 않다. 원래로 이같이도 밝고 따사로운 햇빛인데 인류에게는 첩첩이 불안(不安)의 구름이 가려 앞길이 안 보이는 것이다. 환경파괴, 이상기상, 자원고갈, 인구폭발, 기아만연, 전쟁위기……. 게다가 극도로 거칠어진 무도덕(無道德)의 험하고 사나운 물결은 우리 주변 어느 한 구석도 안전지대로 남겨두지 않는다.

우리는 이러한 세계적 소용돌이 속에서 이제 새 역사를 이룩하기 위하여 꿋꿋하게 일어서서 벅찬 노력을 계속하고 있다. 그 중에 우리의 주위에는 감각(感覺)과 물질위주(物質爲主) - 유물주의의 망령(亡靈)이 폭풍처럼 우리의 시계(視界)를 흐리게 하고 지성(知性)에 혼란을 일으키고 있는 것이다. 이것은 가치 겁탈이며, 행복 포기며, 인간의 자기부정(自己否定)과 통한다.

우리는 참으로 반야(般若:智慧)의 눈을 크게 떠야 한다. 물질과 감각으로 착색된 미혹(迷惑)에서 벗어나 인간실상(人間實相)을 바로 보고 인간복지(人間福地)를 회복하여야 하겠다. 그리고 거기서 넘치는 힘과 충만한 공덕(功德)을 보고 무한의 지혜와 용력(勇力)을 발현하여, 이 땅 위에 평화·번영의 굳건한 터전을 이룩하여야겠다. 이것은 인간본연(人間本然)의 영광을 이 땅 위에 구현하는 일인 것이다.

이에 본지(本誌) 『불광(佛光)』은 감히 우리의 역사와 생활 속에 부처님의 위광(威光)을 전달하는 사명(使命)을 자담(自擔)하고 나선다. 이로써 조국의 발전이 기초할 정신적 기반(基盤)과 동력을 공여하기를 기도하며, 전진하는 민족사의 방향과 저력을 부여함에 보탬이 되기를 기약한다. 오늘을 사는 불자로서 조국과 형제 앞에 진실을 바치고자 함에서다.

"삼보제성(三寶諸聖)이시여 증명하여지이다. 형제들이여 미충(微衷)을 살펴지이다."
"나무마하반야바라밀다"

※ 이 결사문은 반야바라밀다 법주이시며 도피안사 개산조〔光德〕께서 '월간 불광' 창간호(1974년 11월)에 실은 창간사입니다. ─편저자

반야바라밀다결사 헌장

　반야바라밀다결사(般若波羅密多結社)는 반야안(般若眼)으로 보현행원(普賢行願)을 원만하여 '중생성숙(衆生成熟)·국토성취(國土成就)'를 이룩하는 '대각행원구국구세(大覺行願救國救世)' 운동을 말한다.

　본 결사(結社)의 근본사상은 석가모니부처님의 핵심 교법인 대장경 반야부에 근거하며, 나아가 반야안 획득을 견성성불(見性成佛)의 요체(要諦)로 삼았던 선불교(禪佛敎)의 정통성을 계승하고, 근세의 대각행원구국구세 보살이었던 용성진종(龍城震鍾) 조사의 대각교(大覺敎) 운동을 결사의 뿌리로 한다. 이에 근거하여 동산혜일(東山慧日), 소천의탁(昭天宜卓), 퇴옹성철(退翁性徹) 조사를 대각교 운동의 전등(傳燈)보살로 받들어 결사의 조종(祖宗)으로 모신다.

　본 결사의 개창조는 금하당광덕대선사(金河堂光德大禪師)이며, 개창조에 대한 칭호는 '법주(法主)'라고 한다. 또한 반야바라밀다결사를 '보현도량'으로 약칭한다.

반야바라밀다결사의 동참 구성원과 거기에 따르는 모든 모임을 '파라미타 법등가족'이라고 통칭하며, 그 본찰은 안성 청량도솔산 도피안사로 한다.

본 결사의 수행지표는 부처님의 교법에 의거하며, 법주의 대각행원구국구세 방략을 계승하고 내지 발전시켜서 바라밀다국토 성취의 강령으로 삼으며, 결사의 방향과 바라밀다행자들의 제반수행은 '반야바라밀다결사 신앙장전'에 따른다.

본 결사는 불교사상에 입각한 신앙운동으로 개창조인 법주의 사상과 서원에 의해서 성립, 유포되었다. 또한 법주는 대한민국시대의 불자와 인류에게 반야바라밀다사상을 위법망구의 보살행으로 광작홍포(廣作弘布)하였기에, 이후부터 결사의 대표자를 사주(社主), 또는 회주(會主)라고 부르며 법주의 칭호는 영원히 개창조에게만 봉헌(奉獻)한다.

결사동참은 출가재가의 구분이나 수행이력이나 계위(階位)에 관계없이 누구나 정법호지발원(正法護持發願)에 동참한 날로부터 인정하여 결사동지로 대한다. 비록 새로운 결사 동참자의 불교수행 이력과 교의(敎義)에 대한 이해가 다소 일천하여도, 이 수승한 대각행원구국구세결사에 동참하겠다는 마음의 발로(發露)는 이미 과거세의 특별한 서원으로 말미암지 않고는 실로 어려운 일인지라, 흔

쾌히 옛 인연을 먼저 이은 뒤 공부나 수행을 점차 심화시켜 가는 것
으로 차제를 삼는다.

　결사에 동참한 형제들을 바라밀다행자라고 부른다.(또는 보현행
자, 반야행자라고 한다.)　그러나 출가 2중에게는 비구, 비구니로
호칭하며 법계를 둔다(大韓佛敎曹溪宗 宗憲 · 宗法에 준함). 재가 2
중에게는 다음 4단계의 수행(修行) 계위(階位)를 둔다.

1. 초학(初學)보살

　정법호지발원에 동참한 수행자. 입문하여 만3년까지의 수행
자.(이 기간 안에 바라밀다교육을 마치고 재가 5계를 수지하며 부
단히 삼학을 배우고 익히며 청법신앙聽法信仰에 정진해야 한다.)

2. 삼학(三學)보살

　초학보살의 제반수행 과정을 모두 마치고 명교사의 법사위(法師
位)에 오른 결사동참 수행자.(명교사는 초학보살의 과정을 마치고
부단히 삼학을 배우고 익히며 이어서 소정의 교육을 득하고 규정에
의해 그 위에 오른다.)

3. 명학(明學)보살

　삼학보살의 제반수행 과정을 모두 마치고 포교사의 법사위에 오
른 결사동참 수행자(포교사는 명교사 위를 득한 후, 만 5년의 전법

활동과 삼학을 배우고 익힌 불자가 소정의 교육을 득하고 규정에 의하여 그 위에 오른다.)와 명예포교사.(사회의 專業을 통해 국가발전이나 인류평화, 또는 종단이나 불사에 크게 기여하여 공덕이 있거나, 참다운 무아헌신의 선행과 삼학을 배우고 익혀 모든 이의 귀감이 되어 불자의 위덕을 크게 떨친 佛子 - 위원들이 심사하여 추천하면 社主(會主)가 최종 결정함)

4. 선학(先學)보살

명학보살 15년의 경과, 혹은 포교사의 법사위에 오른 지 만 15년 동안 전법활동에 헌신하여 전법사가 되었거나, 삼학을 배우고 익혀 수행과 덕망이 출중한 세납 70세 이상 된 결사동참 수행자.

이 헌장은 모든 결사동참 형제들에게, 본 결사는 부처님 진리에
근거하고 있음을 천명(闡明)하고, 상호 불가분의 일체감을 확립하
여 용맹정진으로 여래의 전법부촉을 완수하기 위해 제정한다.

(또한 동참형제들은 어느 때나 각자가 바라밀다행자임을 명심한
다. 본 결사의 근본목표는 개인의 이익과 안락을 구함이 아니다. 또
한 개인적인 안심입명의 깨달음만 얻기 위한 집합체도 아니다. 오
직 일체중생 모두 함께 일시성불이라는 동일생명의 근본 입장에 서
야함을 거듭 첨언 강조한다.)

불기 2544(2000)년 5월

부처님오신날에 즈음하여

社主 · 住持 松菴至元

결사동참대중 일동

반야바라밀다결사 신앙장전

　바라밀다행자들은 본 '반야바라밀다결사 보현도량 신앙장전' 에 의하여 자타의 본래면목을 열어 간다.

　【반야바라밀다결사의 명칭을 이하 '보현도량' 으로 약칭한다. 보현도량의 신앙과 수행활동에 관한 근본원칙은 이 장전이 정한 바에 따르고 보현도량의 모든 규정과 활동원리는 이 장전에 연유된다.】

1. 귀의

보현도량은 석가모니불을 본존으로 하는 삼보를 신앙한다.

2. 교법

　보현도량은 석가모니불의 대각행원구국구세의 본원(本願)을 받들어 마하반야바라밀다의 교법을 수행체득한다. 교의(敎義)의 해석 및 수행요목(修行要目)은 불교교리(佛敎敎理)에 의거하여 법주가 확정하되 시대의 변천에 따라 지도자가 더할 수 있다.

3. 지도자

보현도량은 사주(社主 : 會主)가 지도하며 통솔한다.

4. 형제(동지)

보현도량 형제는 불법에 의하여 삶의 목표와 사명을 함께 하는 불자(佛子)이다. 매사에 동일체로서 헌신, 협동하고 상호존경하며 화경(和敬)을 실천하고 지도체제를 존중하며 결코 불자덕행과 수행 요목에 반하는 행위를 일체 하지 않는다.

5. 수행원칙

보현도량 형제는 교법에 의한 자각과 불국건설을 실현하기 위하여 사회제반 현실의 책임을 자담하고 끊임없이 기도, 전법하여 국가사회 발전과 인류의 정신에 초석이 되고 광명이 된다.

- 여기까지는 반야바라밀다결사 법주이며 도피안사 개산조이신 금하당 광덕대선사께서 제정, 확립한 지침의 대강이며, 이하는 대선사의 사상을 계승하고자 하는 세칙사항으로 보현도량 초대 사주가 법주의 전체적인 가르침에서 요약 발췌하여 세웠음을 밝힌다.

❶

반야바라밀다결사 정법호지

서 원 문

저희들은 이 땅에 감로법을 널리 펴

부처님 정법이 영원히 머물며

겨레와 국토, 인류와 세계를 법성광명으로

빛낼 것을 굳게 서원하옵니다.

반야바라밀다결사 정법호지

발 원 문

일체성취의 근원이신 부처님

저희들을 대자대비 무애위신력으로 가호하시사, 마하반야바라밀다의 대법을 배우게 하시며, 저희 가족 모두를 대성취의 길로 이끌어주심을 감사드리옵니다.

저희들은 이 땅에 감로법을 널리 펴 부처님 정법이 영원히 머물며 겨레와 국토, 인류와 세계를 법성광명으로 빛낼 것을 굳게 서원하옵니다.

이제 저희들은 가족과 함께 매월 ＿＿＿＿＿원의 호법발원 공양금을 봉납하여, 정법호지와 불국토 성취의 기초가 되고자 하오니, 대자대비로 섭수하여 주시옵고, 저희들이 지혜 · 복덕을 두루 갖추어 진실불자로 성장하여, 불국토 성취의 대원을 이루게 하여 주시옵소서.

나무마하반야바라밀다

나무석가모니불 · 나무석가모니불 · 나무시아본사석가모니불

불기 25 년 월 일

발원불자 법명

성명

반야바라밀다결사 정법호지

호법의 길

1. 불교에 대한 바른 이해

불법(佛法)에 대한 바른 이해 없이는 호법(護法)의 의지도, 바른 수행도, 전법(傳法)의 원동력도 기대할 수가 없다. 우리는 부처님 정법(正法)에 대한 바른 이해를 위하여,

가, 정기법회에 빠짐없이 참석하여 청법수행(聽法修行)에 정진한다.

나, 경전과 불교에 관계된 여러 전적과 선지식들의 말씀을 읽고 연구, 학습하고 지도 받는다.

2. 끊임없는 수행정진

설법이나 책을 통하여 얻는 지식만으로는 불법을 바르게 이해하고 자신의 것으로 하기에는 부족하므로 다음 사항을 엄수한다.

가, 우리는 끊임없이 수행정진한다. 삼학을 배우고 익히는 바라밀다를 일심염송하고 염불·독경을 수행정진함으로써 부처님 가르침을 오늘의 현실에서 증거한다.

나, 전법을 위해 온 힘을 다한다. 우리는 중생성숙 불국토성취를 서원한 보살로서 대비심을 발하여 모든 이웃에게 부처님의 정법을 전한다. 나만 알고 남에게 알리지 않는 것은 바로 안 것이 아니다.

모두에게 알리어 함께 행복하게 살고 함께 성불하도록 적극 도와주어야 한다.

다, 호법의 핵심이 되는 스님들과 법사님들을 받들어 모신다. 훌륭하신 선지식들이 이 땅에 오래 머무시어 우리의 길을 인도해 주실 수 있도록 정성을 다한다.

라, 호법전당 증설유지에 자진 협조한다. 함께 모여 수행하고 많은 사람들에게 설법하고 가르칠 법당 건립 및 유지에 적극 동참한다.

3. 호법성금 봉납

호법성금 봉납을 발원하고 이 땅에 정법을 펴고 유지 발전시키는 일에 앞장선다. 호법성금은 부처님과 나와의 약속이므로 스스로 정한다. 호법성금 봉납이 호법〔傳法〕의 최상의 공덕임을 알고 매월 정성어린 봉납금을 빠짐없이 헌납한다.

반야바라밀다결사 정법호지

동 참 회 원 증

—보현행원으로 보리이루리—

청신사 (법명):   (성명):

청신녀 (법명):   (성명):

소속법등(회):

호법번호:

위 불자형제는

반야바라밀다결사 보현도량 청량도솔산 도피안사

정법호지발원 동참가족임을 증함

불기 25　년　　월　　일

반야바라밀다결사 전법대본산

보현도량 청량도솔산 도피안사

法主　金河光德

住持　松菴至元

7. 바라밀다행자의 보현신앙 선언

우리는 횃불이다.

스스로 타오르며 역사를 밝힌다.

8. 바라밀다행자의 반야활구

내생명 부처님무량공덕생명

용맹정진하여 바라밀다국토 성취한다.

9. 바라밀다행자의 수행덕목

1) '내 생명 부처님무량공덕생명' 을 깊이 믿고 항상 마하반야바라밀다를 염하며 밝은 얼굴과 기쁜 마음으로 생활한다.

2) 부모님과 조상님께 항상 감사하고 부모님을 부처님으로 지극히 섬기기를 다한다.

3) 부부는 서로 감사, 존경하고 화목하여 항상 한마음으로 지낸다.

4) 모든 사람이 지닌 부처님 덕성을 깊이 믿고 장점을 힘써 발견하며 항상 존중하고 찬탄한다.

5) 조석 수행일과정진을 항상 실천한다.

6) 이웃을 돕고 항상 전법에 힘쓴다.

7) 법주스님의 역, 저서와 법주스님의 생애를 비롯한 여러 불교전적을 항상 즐겨 읽는다.

8) 항상 법등가족 모임과 행원실천에 적극 동참한다.

9) 항상 법회에 빠짐없이 동참 청법수행(聽法修行)에 정진한다.

10) 항상 가족과 친지를 우선 전법한다.

10. 바라밀다행자의 전법지상사명傳法至上使命

◎ 부처님의 전법부촉 —《전도선언》

자, 이제 전법의 길을 떠나가라. 중생들의 이익과 행복을 위하여 세간을 연민히 여기고 사람들과 신(神)들의 이익과 행복과 안락을 위하여 떠나가라. 두 사람이 한 길로 가지 마라. 처음도 좋고 중간도 좋고 끝도 좋으며 조리와 표현을 갖춘 법을 설하라. 또 원만구족하고 청정한 행동을 보여 주라.

《잡아함경》

1) 전법오서(傳法五誓)

우리는 파라미타법등(法燈)입니다.

一, 전법으로 바른믿음〔正信〕을 삼겠습니다.

一, 전법으로 정정진(正精進)을 삼겠습니다.

一, 전법으로 무상공덕(無上功德)을 삼겠습니다.

一, 전법으로 최상의 보은(報恩)을 삼겠습니다.

一, 전법으로 정토(淨土)를 성취하겠습니다.

2) 보현도량 전법자의 선서

一, 나는 반야광명으로 국토와 역사를 빛낼 영예로운 보현도량의 전법자입니다.

一, 나는 이 땅에 바라밀다국토를 이룩할 보현도량 보살임을 자각하고 드높은 긍지와 사명감으로 파라미타법등의 점등자가 되고 그 육성자가 되겠습니다.

一, 나는 마하반야바라밀다의 큰 법문을 깊이 믿고 배워서 국토와 중생을 구할 바라밀다 법문의 증거자가 되겠습니다.

一, 나는 보현행원을 적극 실천하고 모든 시간, 모든 기회에 전법을 실천하여 전법5서의 행동자가 되겠습니다.

3) 전법서원 법사후보생 교육발원문

일체의 근원이옵신 부처님, 지극한 지혜이시며 자비이시며 한량없는 은혜이신 부처님.

일체국토 일체중생의 근원에 머무시사 일체중생을 진리의 성숙으로 인도하옵시는 부처님.

저희들에게 각별하신 위덕 내려 주시사 마하반야바라밀다의 크신 법문을 일깨워 주시고 보현도량의 밝은 등불로 전법대열에 앞장서서 부처님은혜에 보답케 하여 주심을 감사하옵니다.

대자비 본사 세존이시여,

저희들은 이 땅에 부처님의 감로법을 널리 전하여 형제와 겨레가 부처님의 진리광명으로 행복하게 삶을 누리고 끝내는 일심정진하여 무상의 법을 이루도록 하는 거룩한 사업에 헌신하는 보살로서 신명을 바쳐 성심성의껏 봉사할 것을 발원하옵고 부처님의 은덕으로 베풀어지는 본 포교사(명교사)교육에 임하옵니다.

대자대비 부처님이시여,

바라옵건데 저희들의 이 발원을 섭수하여 주시옵고 저희들에게 크옵신 은덕 베푸사 본 교육과정을 원만히 이수하고 저희들의 발원이 성취되도록 가호하여 주시옵소서.

나무마하반야바라밀다

나무석가모니불 나무석가모니불 나무시아본사석가모니불

4) 전법이란 무엇인가?

많은 사람들에게 부처님의 가르침을 전해주어 고난을 없애주고 이익과 행복을 심어준다. 즉 진리의 말씀을 전해주고 온갖 방법으로 도우며 수행모임에 인도하는 것이다.

5) 전법의 기본원칙

(1) **목적** : 중생의 이익, 국토의 평화번영을 위하여 전법한다.

■ 중생의 이익이란,

가, 진리로 향상하고〔向上一路〕

나, 고통을 여의며〔離苦 : 拔苦〕

다, 밝은 뜻을 세워 성공하는 일이다.〔安心立命 : 得樂〕

■ 국토의 평화번영이란,

모든 사람이 본래부터 지닌 타고 난 덕성과 능력을 유감없이 발휘하는 자유와 조화가 이룩된 사회상을 말한다.

(2) **마음자세** : 세간 사람들에게 대비심을 일으킨다.

　가, 자기 입장을 생각하지 말고 또는 내세우지 말며

　나, 오로지 상대방의 이익을 도모하며

　다, 어떤 어려움이나 몰이해나 반대에도 원망하지 않고 흔들리지 않고 끝까지 인욕하며

　라, 모든 사람은 착한 사람, 어진 사람이라고 굳게 믿는다.

(3) **대상** : 모든 사람, 가까운 인연부터

　가, 사람을 차별하지 않는다.

　나, 많은 사람에게 불법인연을 갖도록 온갖 방편을 베푼다.

(4) **방법** : 상대를 진실하게 대하도록 먼저 기도한다.

　가, 시종 좋은 말과 조리와 표현을 갖춘 말을 하되, 상대방의 입장과 이해 정도를 고려하여 적당한 방법을 연구한다.

　나, 상대방이 어려움에서 벗어날 수 있도록 지혜와 힘으로 도우며

　다, 그의 성장과 성공을 위하여 온갖 방법으로 노력을 기울인다.

　라, 항상 기도하며 전법한다.

(5) **몸가짐** : 항상 원만한 청정행을 하도록 노력한다.

　가, 일상행동이 전법의 기초다.

　나, 내가 불교를 대표한다는 높은 긍지를 갖는다.

(6) **신조** : 불교에 대한 신앙심이 바탕이다.

　가, 내가 부처님의 부촉 받은 전법자라 항상 생각하며,

　나, 항상 부처님과 함께 한다고 믿으며

다, 모든 사람, 모든 일에 항상 감사한다. 반대자에게도 감사한다.

6) 전법은 왜 해야 하는가?

(1) 부처님께서 부촉하신 거룩한 사명이다.

앞에서 본 바와 같이 부처님께서는 우리에게 전법을 부촉하셨으며 그 밖의 모든 경전에서 법을 받아지니고 읽고 외우며 널리 많은 사람들에게 전해주라고 간곡히 분부하셨다.

(2) 이 땅에 진리에 의한 평화번영을 이룩하는 으뜸 길이다.

불국토를 이룩한다는 것은 무엇보다도 진리를 깨달아 모든 사람들이 참된 사람이 되고, 국토세계가 평화로운 진리의 질서가 이룩되는데 있다. 진리를 깨닫지 못하면 모두가 미혹한 삶이므로 어리석음과 불행·투쟁·생사가 끊일 날이 없다. 그러므로 인간의 신성과 존엄한 가치의 보전과 세계의 평화번영을 위해서는 진리의 말씀을 펴 인간의 사상과 행동을 바로 잡는 것이 최상의 바른 길이 아닐 수 없다.

(3) 부처님 은혜 갚는 길이다.

부처님의 원(願)은 모든 중생이 미혹을 깨뜨려 진실을 깨닫고 필경 불국토를 이루는 데 있다. 부처님의 은혜로서 진리생명을 얻은 불자들은 부처님께서 참으로 원하시는 바 전법에 이바지하는 것이 최상의 보은행이 되는 것이다.

(4) 기도성취의 길이다.

경의 말씀에 '중생을 공양한다는 것이 부처님공양'이라고 하셨다.

'중생에게 물을 주면 불보살의 꽃이 무성해진다'고도 했다. 그리고 '모든 공양 가운데 법공양이 으뜸'이라고도 하셨다. 그러므로 부처님께 기도하고 공양을 성취하자면 전법이 최상의 길인 것이다.

(5) 밝은 법등은 전법한다.

우리는 믿음으로서 진리의 광명과 기쁨을 얻은 불자다. 우리들 자신이 부처님 법문으로 밝게 빛나는 법등이다. 온 중생이 본래 한 몸인데 겨레와 인류와 세계가 지금 미혹한 수렁에 빠져 헤매고 있다. 어찌 한 사람만이 밝을 수 있겠는가? 어찌 나홀로 밝을 수 있겠는가? 모든 사람들과 온 천지를 밝히는 것이 등불의 본분, 불자된 본분이다. 전법은 바로 사람과 국토를 밝히는 최상공덕이다.

7) 전법을 하면 어떤 공덕이 있는가?

앞에서 말한 것 외에 불보살과 성현이 항상 가호하신다. 왜냐하면 전법하는 사람은 불보살님의 큰 원을 실천하여 불국토를 가꾸는 사람이기 때문이다. 그리고 전법자는 필경 무상보리를 성취한다.

8) 어떤 자세로 전법할 것인가?

"보살은 인간을 옹호하고 진실생명을 육성하며 국토의 완성을 위하여 온갖 방편을 다 쓰신다." 이와 같은 법주스님의 말씀처럼 우리는 전법을 최상의 정진으로 삼고 전법대열에 앞장서는 것이다.

(1) 언제나 부처님과 함께 있는 것을 알고 혼자가 아니라 부처님과 같이 간다고 생각하고 일심으로 부처님을 염하면서 무엇인가 도

움이 될 것을 생각해야 한다. 만약 전법으로 자신이 존경 받겠다든가, 지도한다든가, 또는 가벼이 여기는 어떤 마음도 일체 금물이다. 이는 전법자에게 지극히 삿된 마음으로 멀리 여의어야 한다.

(2) 중생과 불법과 국토의 자유 · 평화 · 번영의 성취를 위하여 이 한 몸을 헌신하겠다는 넓고 깊은 서원으로 불타고 있어야 한다. 자기의 형편만을 생각하고 기분 나쁘다고 그만두거나 몸이 괴롭다고 귀찮아하고 싫증을 내면 안 된다. 어떤 경우에도 자신의 기분을 앞세우는 감정에 좌우되어서는 안 된다.

(3) 대하는 모든 사람은 착한 사람, 고귀한 사람, 높은 덕성을 갖춘 거룩한 분으로 생각하고 받들어 모시는 자세이어야 한다.

(4) 오늘 이 시대를 살아가는 모든 사람은 나와 더불어 불국토 건설에 이바지 할 동지라는 것을 생각하고 동고동락할 마음의 벗으로 맞이해야 한다.

(5) 생명을 바쳐 법을 전한 부루나 존자처럼 목갈라나 존자처럼 어떤 방해가 닥쳐와도 흔들리지 않고 견디는 인내심으로 임해야 한다.

(6) 전법에 헌신하는 것이 최상의 청정행이요 수행이라는 것을 확신해야 한다.

(7) 전법오서를 항상 외우고 그 뜻을 깊이 생각해야 한다.

(8) 전법에 성공하는 것이 나의 힘으로 된 것이 아니라 불신력으로 된 것임을 믿고 감사를 잊지 말아야 한다.

(9) 앞에서 말한 마음자세에 다음의 노력을 더 해야 한다.

하나, 밝은 표정 : 밝은 표정 짓는 것을 몸에 익힌다.

둘, 바른말 사용 : 바른말, 고운 말, 상냥한 말의 참된 언어를
몸에 익힌다.

셋, 친절 : 남을 위해 무조건 자비로우며 친절한 말과 태도가
몸에 배도록 노력한다.

넷, 자신감 충만 : 자신감을 갖고 결정적으로 말해야 한다.

① 바라밀다 정근을 열심히 하여 힘을 얻는다.

② 모든 기회에 부처님 법을 꾸준히 배우고 온갖 방편을 연구
한다.

③ 전법사례를 자주 듣고 신앙기록, 영험담을 많이 읽어본다.

④ 무엇보다 중요한 것은 바라밀다 신앙의 확립이다.

9) 어떻게 전법할 것인가?

'바라밀다' 법문을 확신하고 수행하며 전법을 행하겠다는 의지와
사명감이 가장 중요하다. 내가 하는 일엔 항상 부처님이 함께 하고
계시어 나의 능력여하에 관계없이 열과 성을 다하면 반드시 이루어
진다는 확신을 가진다.

(1) 가정에서 : 명랑, 친절, 근면, 효도, 솔선(말보다 행동이 더 큰
진실)의 인격이 된다.

(2) 마을에서 : 이웃의 질병, 고난, 재난 등에 따뜻한 마음의 벗이
되며 공공사에 앞장서고 이웃의 전법대상을 차례로 계속하여 전법
한다.

(3) 친척, 친지 : 항상 일상생활에 상담자 역할과 법등가족 특별모

임시 초대한다.

(4) 직장에서 : 언어, 행동, 직무에 정직, 성실(매사에 모범)한 인격이 된다.

(5) 아파트지역 : 이웃심방, 전법전단, 불교서적, 선물(달력 등)이나 많은 사람이 볼 수 있는 곳에 법구경이나 말씀을 써 놓고 불교에 관심 있는 분은 연락토록 함.(전화번호, 자기집 호수 기재)

(6) 심방 때 : 전법을 위하여 처음 심방할 때에는 먼저 그 집 문 앞에서 그 댁의 행복을 합장기원하고 들어가며 처음 만나서는 찬탄의 말을 한다. 심방 때는 2, 3명이 한 조를 이루어 전법한다.(법등 가족 중에서)

(7) 매체를 적극 활용한다.

10) 어떻게 정착할 것인가?

(1) 신입 가족에게 친절하게, 따뜻한 정으로 대하고 법회일 전에 미리 연락하여 함께 동행하며, 익숙할 때까지 모든 것을 자상하게 보살펴 준다.

(2) 내가 전법한 분은 내가 보살펴 준다는 책임감을 갖는다. 또 법등 임원을 통하여 불교기초상식을 잘 숙지시키며, 마음의 벗이 되어 정착할 때까지 특별한 배려를 멈추지 않는다.

11. 바라밀다행자의 서원가

'마하반야의 노래'와 '보현행원송' (및 공식적으로 지정한 곡)

바라밀다행자는 어느 때 어느 곳에서나 모든 부처님을 찬양하고 찬송한다. 부처님의 대지혜와 대자비의 끝없는 큰 공덕을 찬탄하여 노래한다. 부처님이 지니신 바 거룩하온 서원력은 일체 세간, 일체 시간을 덮고 있으니 우리들이 온갖 지혜, 온갖 힘을 다 기울여도 그 작은 부분조차 생각할 수 없기에 오직 있는 정성 모두 바쳐 부처님의 서원력을 찬탄하여 노래한다.

일체중생 모두가 부처님의 크신 공덕을 남김없이 갖추었으니 부처님과 조금도 다르지 않고 원만구족하여 부족함이 없다. 지극히 지혜롭고, 지극히 자비하고, 온갖 능력 다 갖추었으며 온갖 공덕 다 이루어 원만하고 자재하니 이것이 일체중생의 참 모습이다.

이 모든 중생의 한량없는 공덕을 마음껏 노래하여 찬탄한다. 바라밀다행자들은 생명의 본 모습을 노래하며 그 공덕의 물결이 되어 끊임없이 파도친다. 영겁불멸의 진리소식을 온 세계, 온 중생에게 노래로 전해주는 부처님의 사자(使者)들이다. 그러므로 노래는 우리 바라밀다행자들의 믿음이며 수행이고 전법이다. 그리고 내 생명의 바다에 출렁이는 영겁의 파도이다.

12. 바라밀다행자의 상호인사

서로 상대를 향해 합장하여 90도로 허리를 굽혀 절을 하면서 아래의 '마하반야바라밀다'를 마음의 소리로 내어 힘차게 말한다. 그 다음 상대에게 다가가서 두 손을 마주잡고 아래의 '보현행원'을 소리 내어 다짐한다. 이 때 서로 눈동자를 맞추고 다정하고 친밀하게 웃으며 세 가지 맹서를 함께한다. 이것이 법당에서의 불자예절이고 불자의 상호인사다.

— 마하반야바라밀다

　(이미 진리로서 원만구족임을 항상 서로 일깨움)

— 보현행원을 수행하오리

　(어느 때나 서로 행원할 것을 서원하고 다짐함)

— 보현행원으로 불국이루리

　(어느 때나 서로 행원으로 불국토성취를 서원하고 다짐함)

— 보현행원으로 보리이루리

　(어느 때나 서로 행원이 곧 성불이라는 것을 서원하고 다짐함)

13. 바라밀다행자의 '마하반야바라밀다'에 대한 믿음과 실천

1) '마하반야바라밀다'의 뜻

'마하'는 크다는 뜻이며, '반야'는 지혜를 말하며, '바라밀다'는 완전한 성취로 풀이한다. 세 가지를 하나로 말한다면 '큰 지혜의 완전한 성취'라는 뜻이 된다.

지혜는 우리 중생들의 어두운 마음을 밝혀 깨끗하고 진실한 진리를 알게 하는 것이다. 이 지혜를 완전히 성취했다는 것은 우리마음 속에 탐내고 성내고 어리석은 번뇌를 없애고 일상생활 가운데에서 느끼는 고통과 불행을 이기고 두려움이 없는 밝고 안락한 불보살님과 같은 생활을 한다는 뜻이다.

그러므로 '마하반야바라밀다'는 부처님께서 깨달으신 대각의 내용이고 법이고 진리이다. '마하반야바라밀다'를 생각하고 계속 반복하여 염송한다는 것은 큰 지혜의 완전한 성취자가 되기 위하여 끊임없이 하는 기도이다.

부처님께서 말씀하신 바에 의하면 우리인간의 마음속에 '마하반야바라밀다'의 지혜가 완전히 갖추어져 있다고 하셨다. 그러나 우리가 지혜스럽게 살지 못하고 있는 것은 욕심과 성냄과 어리석음으로 뭉친 삼독의 어두운 먹구름에 우리마음이 가리워 있기 때문이다. 그래서 마음속에 있는 진실한 반야지혜를 모르고 어리석게 사는 것이다.

이 먹구름인 삼독을 없애려면 오직 청법(聽法)정진과 기도정진을 열심히 해야한다. 삼독의 구름이 없어지면 우리마음은 저절로 밝아 생활 속에 고통과 불행이 없어지고 두려움이 없는 안락한 생활을 하게된다.

부처님을 믿는 우리불자들은 당연히 나를 위해서, 사회를 위해서 진실한 지혜의 마음을 가리는 삼독의 구름을 없애기 위해 열심히 정진해야할 것이다.

2) '마하반야바라밀다' 를 어떻게 수행할 것인가?

(1) 인생의 착각

오온개공 도 일체고액(五蘊皆空 度 一切苦厄)

인간이 이 세상에 왜 태어났는가? 누구나 다 명예나 부를 갖고 싶어하며, 편안하고 즐겁게 오래 살기를 원하고 있다. 오직 이러한 욕구의 추구만이 인생의 올바른 삶의 길인 줄로 착각하고 있고 또한 육신(몸)이 '나'의 전부임을 믿고 있다.

『마하반야바라밀다심경』 서분에서 오온이 모두 공함을 가르치고 있다. 그런데도 범부인 중생들은 망념으로 인하여 오온에 딱 갇혀 있다. 깊은 반야바라밀다의 진리에서 보면 오온은 공한 것이다.

(2) 진공(眞空)의 세계

'마하반야바라밀다' 는 공(空)이다. 공은 진리광명 뿐이다. 광대무변한 우주에는 진리광명이 가득하다. 그래서 우주법계라고 부른다. 천삼라지만상(天森羅地萬像), 어느 것 하나 진리 아닌 것이 없다. 곧 법이요 불성이요 본성이며 자성이며, 바로 '마하반야바라밀다' 이다.

① '마하' 는 위대하여 비유할 수없이 크다는 뜻이다. 땅, 바다, 지구, 우주보다도 더 큰 것이 있으니 그것이 바로 인간이 지닌 자기본성, 마음이라 할 수 있다. 쉬운 예로 수 천리 떨어져 있는 미국의 워싱톤에 가서 본 것을 마음은 한 생각 일으키는 찰라에 가 있게 된다. 태양의 촉광보다도 더 빠른 것이 바로 이 마음이다.

② '반야' 는 지혜광명이다. 오온이 공한 자성, 그 자성의 맑고 밝

은 근원에서 백 개의 태양이 일시에 빛나는 것처럼 광명이 솟아나는 것, 아! 바로 '반야' 이다.

③ '바라밀다' 는 완성이다. 구족이며 원만이며 완전한 성취이다. 즉, 맑고 밝고 희망찬 대완성 대성취의 보고(寶庫)이며, 자유자재의 원만무애다.

④ 그러므로 '마하반야바라밀다' 는 큰 지혜의 완성이다. 이러한 '마하반야바라밀다' 를 자신의 것으로 내어 쓰자. 내 마음의 밝은 빛을 내어 쓰자는 확신으로 가정과 일가친지, 이웃과 사회— 나아가 세계 곳곳에서 마음껏 내어 쓰는 자, 곧 바라밀다행자가 되자.

(3) 무아(無我)의 믿음

'마하반야바라밀다' 진공의 세계, 진리광명을 가로막거나 역행하는 모든 잘못된 행위를 일체 타파하고 척결하는 것이 『반야심경』의 '무(無)' 자(字) 수행이다. 이 '무' 자는 반야심경에 무려 21번이나 나온다. 여기서 무는 '없애라, 놓아라, 비워라' 는 뜻으로 진공의 진리광명에 위배되는 모든 요소를 제거하라는 가장 큰 수행방법이다.

가합(假合)된 오온은 개공(皆空)임을 확신하고 나를 중심한 갈애, 욕구, 성냄, 어리석음의 탐진치 삼독을 없애고 자기를 어떠한 경우에도 계산에 넣지 않고 상대방을 위하는 무아의 신심수행과 보현행 실천으로 거룩하신 부처님의 가르침, 대진리의 '반야바라밀다' 법문을 온 누리에 전하는 불자의 사명을 다할 것을 언제 어디서나 항상 다짐하고 실천한다. 무아의 참된 믿음이고 참된 행이다.

(4) 바라밀다행자

보현도량 바라밀다행자들은 삼보님께 예경(자기를 낮추고 상대 방을 존경하며 인욕, 찬탄, 화합을 실천)하며 불법을 바로 배워 바라밀다의 신행을 가정과 친지와 이웃과 사회, 나아가 온 누리에 전법으로 육바라밀다를 실천할 것을 다짐한다.

- 보시바라밀다 : 누구에게나 밝은 마음, 베푸는 마음과 행원을 실천한다.
- 지계바라밀다 : 불자로서 언어와 행동의 진실을 이루는 계율을 지킨다.
- 인욕바라밀다 : 전법을 위해 인욕행을 실천한다.
- 정진바라밀다 : 기도수행을 바탕으로 끈기있게 꾸준히 정진한다.
- 선정바라밀다 : 전법대상자에게 환희에 차고 안정된 마음을 심어준다.
- 지혜바라밀다 : 끊임없는 불법수행으로 밝은 지혜를 닦아 나간다.

전법이 최상의 공덕임을 알고 진실불자(眞實佛子)는 오로지 불법승(佛法僧)의 삼보님 은혜에 보은하는 길의 전법을 열렬하게 실천한다.

(5) 전법의 다짐

우리 바라밀다 보현행자는 법회 때마다 '전법오서'를 서원공양하고, '보현행자의 선언'인 '우리는 횃불이다 스스로 타오르며 역사를 밝힌다'를 통해 진리의 역사를 구현할 것을 다짐한다. 보현행자의 일상생활은 일체행이 진리에 근거하는 창조적인 수행이 되도록

'반야활구'인 '내 생명 부처님무량공덕생명 용맹정진하여 바라밀다국토 성취한다'를 의지한다. 이는 보현도량불자로서 부처님으로부터 부촉받은 여래사자의 전법사명을 다할 것을 다짐하는 것이다.

3) '마하반야바라밀다'의 믿음과 실천

불교는 인간과 우주의 본모습〔實相〕을 보여준다. 그러기에 인간 모두에게 자신의 참모습과 우주의 비밀을 바르게 알려주는 것이 불교라는 말이다. 불교는 삶이 무엇인가를 환히 밝히는 길이며 인간의 참된 의미를 알게 하고 보람과 그 완성을 이루는 생명의 길, 진리의 길이다. 그러므로 생명 있는 자, 생명의 빛과 보람을 찾는 자라면 결코 불교를 외면할 수 없다. 불교를 벗어날 수 없다.

왜냐하면 불교는 필경 생명의 길이고 일체를 세우며 허망을 깨뜨리고 진리가 지닌 무한의 위덕을 회복하는 길이기 때문이다. 인종의 차별, 시대의 변천, 문화의 차이에도 상관없이 모든 생명을 성숙시키고 그 생명이 설 역사와 국토를 밝히는 근본진리, 근원진리이다.

이 근본진리에 이르는 길은 바로 진실을 남김없이 드러내 보이는 지혜의 완성인 것이니 그것이 '마하반야바라밀다'이다. 그러므로 바라밀다 보현행자는 '마하반야바라밀다'로 근본믿음을 삼고 보현행원으로 불변의 실천강령을 삼는다. 우리의 이 믿음은 오직 진실만을 키우고 드러내고 긍정하는 절대무한이며 청정과 창조의 본 바탕이다.

이러한 인간과 우주의 실상진실이란 곧 부처님의 대각이다. 부처님의 지혜덕상이 구족한 세계가 진실이며, 부처님의 대자비 위신력이 충만한 세계가 진실이며, '마하반야바라밀다'의 세계가 진실이다. 그러므로 이 '마하반야바라밀다'를 믿고 쓰는 것이 바라밀다 보현행자이며, 자비헌신의 길을 이루는 것이 보현도량 반야행자의 지극한 삶이다.

14. 바라밀다 보현행자의 신앙생활

1) 정법호지발원
바라밀다 보현행자들은 '정법호지발원'에 동참하고 가족과 함께 매달 성심껏 호법발원금을 봉납한다.

2) 일과수행정진
바라밀다 보현행자는 어느 때나 일과정진을 수행한다.

아침일과 – 아침예불 및 '마하반야바라밀다' 염송(매일 3,000념 이상)

저녁일과 – 저녁예불 및 반야심경 사경기도 : 반야심경 사경은 매일 1회 이상 (반야심경사경 책에 사경의식 순서가 나와 있음 — 사경은 어느 때 어느 곳에서나 가능, 도피안사 발행본)

※ **사시기도** : 보현행자는 오전 11시에 삼귀의와 반야심경 봉독과 사홍서원을 올린다. (어느 곳에서나 시간을 지켜 조용히 기도한다.

보현행자는 하루 세 번 일상 속에서 반드시 기도해야 한다.)

〈아침일과 순서〉

집에 모신 성상, 성화, 경전 앞에서 향을 올린 뒤 아래의 순서에 준해 시작한다. — 무릎 꿇고 앉아서 절할 때는 이마가 반드시 바닥에 닿아야 한다. (단 이 순서는 예시이므로 사정과 형편에 따라 증감을 할 수 있다.)

■ 입정 - 2, 3분 동안 좌정하여 마음을 가다듬는다.

■ 삼귀의 - 무릎을 꿇고 합장하여 삼귀의를 낭송(또는 노래)하면서 절한다.

■ 예불문 - 금하보감이나 예불문 책을 보면서 한다.(반야심경 독송까지)

■ 염송 - '마하반야바라밀다'를 3,000번 이상 염송한다.

■ 축원 - 발원에 따라 축원한다.(매일매일 할 일, 그 날의 중요한 일에 대해 부처님께 가호와 인도하심을 발원한다.)

■ 사홍서원 - 합장하고 무릎을 꿇고 합장하여 사홍서원을 낭송(또는 노래)하면서 절한다.

♣ 유의할 점

■ 일과정진 시에는 처음부터 끝까지 무릎을 꿇고 앉는 것을 원칙으로 한다.

■ 몸이 불편하거나 기력이 모자라는 경우는 편한 자세를 취한다.

(이 때도 삼귀의와 축원, 사홍서원은 무릎을 꿇고 할 것을 권함.)

3) 법등수행동참

법등은 바라밀다 보현행자들이 보살도를 닦아가는 진리수행과 신앙이며 일상생활의 토대이다. 누구나 법등 중심으로 수행을 이루어서 상부상조의 보현행을 원만한다.

4) 정기법회 청법수행(聽法修行) 동참

법회동참은 총체적〔三慧;聞思修〕인 수행으로서, 바라밀다보현행자들을 불보살님의 안목으로 성숙시키는 관건이다. 법회동참을 일상사의 최우선으로 삼는다. 도피안사의 주요법회다.

(1) 파라미타 포살법회

사람은 누구나 살면서 진실을 추구한다. 아무리 악인이라고 소문난 사람이라도 가만히 살펴보면 그는 진실하게 살려고 엄청 노력하고 있다. 그렇지만 그가 진실을 향해 노력하고 애쓸수록 점점 악의 구렁텅이로 빨려들어 가고 있다. 악인만이 아니다. 모두가 그렇다. 도대체 왜 그럴까? 원인과 이유가 뭘까?

진실을 자기 마음 밖에서 구하고 있기 때문이다. 진실은 자기 마음 가운데서만 만날 수 있는 것인데 마음 밖에서 구하고 있으니 아무리 애를 써도 이뤄질 리가 없다. 오히려 노력할수록 점점 멀어질 뿐이다. 방법이 잘못 되어서다.

누구나 자신의 삶을 살펴보면 그 가운데는 잘하는 것도 있고 부족한 것도 있으며, 때로는 잘못한 것도 있다. 그러한 모든 것을 있

는 그대로 바라보면서 정리해야 한다. 잘한 일은 더욱 잘하도록, 부
족한 일이나 잘못한 일은 더욱 부지런히 노력하여 보충하고 바로
잡아야 한다.

이런 점에서 매월 한 번씩 불자의 온 가족이 법회에 함께 모여 각
자 자신의 진실을 부처님 법 가운데서 찾는다. 가족 모두가 자기 마
음 가운데서 진실을 찾는 서원, 다짐과 결심의 날이 바로 포살법회
일이다.

– 매월 첫째 주 일요일 10시 30분 –

(2) 파라미타 호법법회

불자의 바른신앙은 대각행원구국구세의 보살도이다. 불자가 아
무리 부처님께 정성스럽고 가족에게 헌신적이라고 해도 바른 신앙
이 없으면 원하는 바가 이뤄지지 않는다. 왜냐하면 소원은 진리의
법칙과 맞아야 성취되기 때문이다. 설령 누가 아무리 간절하게 기
도하고 염원한다 해도 그것이 비진리적인 소원이라면 끝내 성취되
지 않는다. 불자의 기도와 소원은 진리와 계합되었을 때 비로소 성
취되고 원만해진다는 것을 반드시 알아야 한다.

보살도는 반야바라밀다에 근거하고 있기 때문에 언제나 어디서
나 불자의 수행은 반야바라밀다로 눈을 삼고 행을 삼는다. 그것은
반야바라밀다에서 무진행이 나오고 광대무변한 지혜가 솟아나서
다. 그래서 그 자비와 지혜는 아무리 사용해도 부족함이 없고 다함
이 없다. 이 바른 법을 특별히 강조하여 배우고 익히는 때를 '파라

미타 호법법회'라고 한다. 매월 한 번씩 함께 모여 반야바라밀다를 염하고 배우며 정법호지의 서원을 굳게 다짐하고 공양한다.

  - 매월 셋째 주 일요일 10시 30분 -

(3) 파라미타 천주법회

  이곳 청량도솔산의 산이름은 하늘나라의 이름을 따서 지어진 산 이름이다. 즉 도솔천은 욕계 6천(欲界六天)의 하늘 중에서 제4천의 하늘나라이다. 그러므로 도솔천의 천주(天主, 화엄경 제5지의 난승지이며, 난승보살 임)가 곧 여기 도솔청량산의 산신(山神)이 된다.

  삼국시대, 신라의 김유신장군이 소년시절 경주 단석산에서 삼국통일을 발원하여 간절히 기도할 때 감응하여 나타난 노인이 바로 도솔천주인 난승보살이다. 이처럼 우리 조상님들은 호법선신께 기도하여 민족통일의 위업을 이루었다. 이제 대한민국 시대의 우리도 세계평화와 남북평화통일을 발원하여 간절한 마음으로 호법신인 도솔천주에게 기도한다. 모두 함께 동참하여 개인의 성숙은 곧 나라의 발전이라는 동일생명의 믿음 위에서 용맹정진으로 일심기도한다. 아울러 이곳 '청량도솔산'에 불교천문대를 지어 불교사상과 불교우주관으로 과학기술문명을 이끌어가고자 하는 서원을 세우고, 나아가 최첨단 과학기술문명을 이용하여 현대인들에게 적극적으로 포교역할을 담당한다.

  - 매월 둘째 주 일요일 10시 30분 -

(4) 파라미타 지장법회

인생을 한 그루 나무에 비유해 보면, 각자의 조상님은 나무뿌리에 해당되고 자손인 우리들은 줄기와 잎과 열매와 같다 할 것이다. 나무뿌리가 튼튼해야 줄기와 가지가 잘 자라듯이 인간들도 조상님이 안락하여야 자손들이 번창해 진다는 사실이다. 그런 까닭에 이곳 안성 도피안사에서는 조상님의 이고득락을 발원하여 매월 기도하고 천도시식을 올린다. 지장보살의 한량없이 크고 넓은 원력에 의지하여 각자의 조상님을 밝은 길로 모시고 불국토로 인도한다.

조상님을 소홀히 하는 일부 무리들의 잘못된 가르침과 삐뚤어진 가치관의 험한 물결에 휩쓸리지 않고 속히 벗어나서 바른 믿음과 진실한 생각을 바탕으로 하여 참 삶을 살아 갈 수 있도록 법문을 하고 기도를 한다. 조상님은 내 생명의 근원이며 뿌리라는 믿음을 가지고 조상님을 부처님 세계로 모시는 이고득락을 발원한다.

– 매월 넷째 주 일요일 10시 30분 –

(5) 기타법회

봉축법회(부처님오신날 · 성도광명일 · 출가절「스님의 날」· 열반절「열반시현일」) · 백중법회 · 창립기념법회 및 국경절(삼일절 · 광복절 · 개천절 등)기념법회 · 신정의 세알법회 · 민속절기(입춘 · 칠석 · 동지)기념법회와 신년법회, 송년법회, 순례법회와 기타 기도법회 등이 있다.

5) 보현행원 동참

보현행원은 때와 장소가 따로 없으며 크고 작은 구분도 없다. 바라밀다 보현행자의 보현행은 무엇을 하든지 오직 일심의 지극한 현전일 뿐이다. 개인적으로 또는 법등이 함께 힘을 모아 이웃을 위하여 헌신 봉사의 무아행을 한다. 보현행자는 무아(無我)의 가르침을 신앙하기 때문에 보현행자라고 부른다.

6) 상수불학 동참

항상 부처님의 용맹정진을 따라 배운다. 오로지 부처님을 통해서만 신앙을 키워간다. 부처님의 생애를 철저하게 학습하고 청법(聽法)하고 염불하고 참선하고 기도하며, 불전(佛典)을 읽고 사유하며 일체행을 원만한다.

15. 보현도량과 청량도솔산 도피안사의 개요

경기도 안성 죽산면 용설리 1178 - 1에 소재한 반야바라밀다결사 보현도량(普賢道場)과 청량도솔산(清凉兜率山) 도피안사는 금하당 광덕대선사(金河堂光德大禪師)께서 법주(法主)이시며 개산조(開山祖)이시다. 문인(門人)인 송암당 지원화상(松菴堂至元 和上)이 1992년 7월 6일 창립, 창건하였다. 이 도량에 대선사께서 만 3년을 주석하셨고, 그 이후에도 가르침으로 인도하다가 1999년 2월 27일에 입적하셨고, 입적 후에도 영구히 법주이시며 개산조(開山祖)이시

다. 현재는 송암당 지원화상이 사주(社主 : 도피안사 住持 兼任) 소
임의 직분을 맡아 인도하는 수행단체다.

이곳 보현도량은 부처님께서 깨달으신 각의 내용이 자신의 진실
면목인 바라밀다 생명임을 숭경(崇敬)하여 봉지(奉持)한다. 상수불
학(常隨佛學)으로 지침을 삼고, 자신의 마음을 밝혀 지혜의 행을 생
활화하고 모두 함께 전법수행정진으로 부처님의 은혜를 갚는 곳이
다. 이러한 수행의 힘으로 일상생활에 끊임없는 희망과 용기가 솟
아나고 가정과 사회에 밝음과 행운과 발전을 이루어 간다.

보현도량은 부처님의 반야바라밀다 법문을 믿음의 횃불로 삼아,
이르는 곳마다 법의 광명을 밝히는 전법수행(傳法修行)을 지상(至
上)으로 삼아, 전법오서(傳法五誓)를 실천하며, 부처님께서 부촉하
신 〈중생성숙·국토성취〉의 대원을 이루기 위하여 행정구역 단위
의 지역법등과 친분을 기초한 인연법등으로 모여 서로 돕고 함께
배워, 바로 이 땅이 정불국토(淨佛國土)임을 증거하고 전한다.

16. 보현도량의 사명

보현도량은 반야바라밀다결사의 신앙단체로서 보현행자들은 부
처님께서 꿰뚫어 보신 법계의 참모습이 각자의 진실면목과 다르지
않음[不二]을 바로 믿고 바르게 신앙하여 모든 사람에게 지혜의 눈
을 띄워주기 위해,

첫째, 자신의 진실면목 그대로를 발휘하여 부처님 같이 생각하

고 말하고 행동하며

둘째, 주어진 귀중한 시간을 보살임무에 값있게 사용하고

셋째, 전법오서를 실천하여 모두가 성불하도록 힘쓰며

넷째, 불토성취를 위해 힘과 지혜와 노력을 최대로 기울일 수 있
도록 도와주고 이끌어 줌을 그 사명으로 한다.

17. 보현도량의 사업

보현도량의 사명을 완수하기 위하여

첫째, 파라미타 법회를 조직 운영하여 함께 청법(聽法)하고 경전
을 공부하고 독경, 염불, 좌선 등 제반수행과 불교전법에 매진한다.
이를 위해 재가불자들을 법사로 양성하며, 보현행자 스스로를 밝혀
이르는 곳마다 법의 광명을 빛내는 보현보살을 양성한다.

둘째, 학생법회와 학교와 유치원 등 교육시설을 설치, 운영하여
우리 대한민국 어린이와 청소년들이 어려서부터 부처님 법을 바르
게 배우고 실천하여, 나라와 인류를 위해 여법하게 생활하고 행복
하게 살수 있도록 지도하고 육성한다. 〈시봉일기2(징검다리), 386
쪽의 「학생들을 키우는 정신」에 의함〉

(아, 끝없는 푸른 하늘. 밝은 햇살은 막힘없이 온 누리에 찬란하건만 우
리 지상에는 아직도 대립과 투쟁이 쉴 날이 없고, 평화라는 말은 어려서
잃어버린 이름이 되고 말았다. 그 까닭은 우리 모두가 자신의 진실인 참
생명임을 모르고 있기 때문이다. 이 점을 생각한다면 어린이나 청소년들

에게 부처님 법을 전한다는 것은 가장 중요한 일이며, 가장 급한 일이다. 이 일은 곧 나라를 위한 길이고 인류를 위한 길임을 알 수 있겠다. 그들에게 갖추어진 빛나는 지혜와 아름다운 품성을 가꾸고 계발하며 온전히 드러내는 일에 최선을 다해야 하리라.— 법주스님의 당부말씀)

셋째, 월간(月刊)『불(佛)』을 발행하여 부처님의 감로법을 쉬운 우리말로 번역 게재하고, 또한 법주께서 제창한 '순수불교에 의거한 인간정신을 정립하고, 숭고한 인간가치를 구현하는 명예로운 역사 창조를 추구하며 모든 이의 행복과 번영을 책임진다' 는 매체 정신을 계승한다. 대중의 취향을 잘 살펴서 재미있고 유익하게 편집하여 보다 많은 사람들이 부처님 법을 접하고 행복하게 생활할 수 있도록 문서포교에 적극 힘쓴다.

넷째, 도서출판 '도피안사' 와 '종이거울' 등을 운영하여 부처님의 가르침과 선지식들의 귀중한 말씀과 불교고전의 번역물과 현대적인 창작물을 출판하고 공급하는 지식시대의 시대적 사명을 다한다.

다섯째, '파라미타수행원' 을 상시 운영하여 불교교육과 제반수행에 매진한다.

여섯째, 수행공동체를 위한 '파라미타수광원(壽光院, 일명 미타촌)의 증설과 사회복지시설 및 부대시설, 왕생원을 확충해 간다. 사회복지시설을 설치, 운영함으로 생의 존엄성을 부처님 가르침으로 끝까지 유지할 수 있도록 도모한다. 또한 왕생원을 증설, 설치하여 불도(佛徒)들에게 바른 효신앙을 일깨운다.

일곱째, '청량도솔산천문대'를 설립하여 최첨단 과학기술문명의 천문과학으로 불교우주관을 확립하여 불교사상을 왕성하게 펼쳐나간다.

여덟째, 불교적인 인재(보살)를 양성하기 위해 교육사업과 장학사업을 적극 추진한다.

아홉째, '개산조 기념관'과 '도서관' 및 절 내의 공원인 '금송원(金松園)'을 조성한다.

열째, 기타 전법에 필요한 제반시설을 설치한다.(상행위는 하지 않는다.)

18. 보현도량의 임원과 조직

보현도량은 반야바라밀다결사체로서 그 구성원들을 보현행자라고 하며 또한 도피안사 대중을 뜻한다. 이러한 보현도량 가족은 신앙생활을 더욱 효과적으로 수행하며, 경조사(慶弔事) 간에 서로 도우며 동시에 사회적 책임을 다하기 위하여 지역별 또는 친분이나 친지별 모임을 갖는다. 이 모임의 기초 단위를 '등(燈)'이라고 하고, 등의 모임[4개 등]을 '법등(法燈)'이라고 하며 다수 법등의 모임을 '법회(法會)'라고 한다.

1) 보현도량 임원의 신조

(1) 근본신조 ; 우리는 불법광명으로 국토와 역사를 밝히는 보현

도량의 임원이다.

(2) 전법사명 ; 우리는 부처님의 대자대비로 특별히 선택된 바라밀다행자이다. 높은 긍지와 사명감을 가지고 전법책임을 다한다.

(3) 법등육성 ; 우리는 거룩한 파라미타 법등의 점화자 점등자이며 육성자이다. 어느 때나 환희심을 가지고 정성을 바쳐 법등육성의 거룩한 사명을 완수한다.

(4) 봉사헌신 ; 우리는 스스로 밝고 누리를 밝히는 진리의 횃불이다. 가정을 밝히고, 사회를 밝히고, 국토와 역사를 밝히는 불자로 봉사헌신한다.

2) 보현도량 임원의 책임(자기점검)

(1) 생활신조 ; 나는 내가 불자임을 자랑스럽게 생각하고 부처님께 감사하며 항상 기쁜 마음으로 생활하고 있는가?

(2) 임원의 사명 ; 나는 내가 특별히 선택된 영예로운 보현도량 임원임을 명심하고 항상 투철한 사명감으로 임원의 책임을 다하고 있는가?

(3) 법등육성 ; 나는 내가 보현도량의 등(燈), 관리자라는 책임의식을 갖고 항상 법등육성에 책임을 다하고 있는가?

(4) 전법 ; 나는 보현도량의 책임보살로서 나의 모든 것을 바쳐 전법에 헌신하고 있는가?

3) 보현도량 임원발원문

일체 진리의 근원이옵신 부처님.

지극한 지혜이시며 자비이시며 한량없는 은혜이신 부처님.

일체국토 · 일체중생의 근원에 머무시사 일체중생을 진리의 성숙으로 인도하옵시는 부처님.

저희들에게 각별하신 위덕 내려주시사 마하반야바라밀다의 크신 법문을 일깨워 주시고 보현도량 임원으로 전법 대열에 앞장서서 부처님 은혜에 보답케 하여 주심을 감사하옵니다.

대자대비 본사 세존이시여,

저희들은 이 땅에 부처님의 감로법을 널리 펴서 부모형제와 겨레와 인류를 부처님 광명으로 빛나게 할 것을 굳게 서원하고 뜨겁게 뭉친 보현도량 불자 중에서 특별히 법등의 점등자, 육성자로서의 막중한 사명을 축복 받은 보현도량 임원임을 다시없는 자랑으로 생각합니다.

저희들은 오늘 자비하신 부처님의 은덕으로 보현도량 임원 부촉을 받아, 파라미타 법등 육성자로서 그리고 중생의 이익을 위해 봉사 헌신하는 보살로서 신명을 다 바쳐 성심성의껏 봉사할 것을 발원합니다.

저희 법등을 제일 빛나는 법등으로, 저희 법등가족을 제일 화목한 가족으로, 그리고 이웃을 제일 잘 돕는 행복한 법등으로 만들겠습니다.

대자대비 부처님이시여,

바라옵건대 저희들의 이 발원을 섭수하여 주시옵고 저희들 임원 한 사람 한 사람에게 크옵신 은덕 베푸사 저희들의 발원이 성취되도록 부처님의 지혜와 위덕으로 가호하시며 인도하여 주옵소서.

나무마하반야바라밀

나무석가모니불

나무석가모니불

나무시아본사석가모니불

4) 보현도량 임원 선서

대자대비 부처님이시여,

저희 보현도량 임원은 열과 성을 다하여 다음 사항을 실천궁행할 것을 선서하오니 증명하여 주시옵소서

하나, 우리는 불법광명으로 국토와 역사를 밝힐 보현도량의 정예입니다. 마하반야바라밀다의 대법을 깊이 믿고 보현행원을 실천하여 일체처, 일체시에 창조적 중심이 되겠습니다.

하나, 우리는 부처님의 구세대비 원력에 힘입어 구세호법의 사명을 완수할 보현도량 보살입니다. 높은 긍지로 이웃을 돕고 사회와 나라를 빛내는 전법의 봉사자가 되겠습니다.

하나, 우리는 거룩한 파라미타 법등의 점등자며, 육성자입니다. 어느 때나 환희심과 용기와 정성을 기울여 법등육성의 책임을 다하겠습니다.

하나, 우리는 스스로 밝고 누리를 밝히는 진리의 횃불입니다. 가

정을 밝히고 사회를 밝히고 국토와 역사를 밝히는 행복의 중심이
되겠습니다.

년 월 일

선서자 일동

5) 보현도량의 임원과 법회

모든 임원은 별도의 규정에 의거해 선임하되 사주(社主)가 부촉
한다. 임원의 책임과 권한은 부촉일로부터 비롯한다. 각 법회와 법
등과 등은 사회적인 조직이 아니고 '불자신앙' 임을 명백히 한다.
이 밖에 일은 다른 규정이나 세칙에 준한다.

(1) 보현도량 임원 : 지도위원단, 선학보살단, 회장단, 향적보살단
(운영위원회).

(2) 법회임원 : 명등보살, 총무보살, 교무보살, 재무보살, 명교보살

  ■ **명등보살**

  가, 법회를 대표하여 소속법등을 조직, 육성한다.

  나, 소속 법등의 신행결속 연락 등 모든 활동을 총괄한다.

  다, 소속 법등의 임원 선발 및 법회제출 서류를 관장한다.

  ■ **총무보살**

  가, 명등보살 유고 시 직무를 대행한다.

나, 법회의 기획 · 조직 · 서무 · 홍보의 업무를 담당한다.

다, 소속 법등 가족 명부 및 법회 제출 서류의 작성을 담당한다.

■ **교무보살**

가, 법회 임원 · 가족에 대한 교육계획을 수립, 시행한다.

나, 법회발전에 대한 방안을 연구한다.

다, 신입가족의 특별지도를 담당한다.

■ **재무보살**

가, 법회재무관리를 담당한다.

나, 각 법등 별 전법성금 · 감사공양금 · 헌금실태를 파악한다.

다, 법회의 기타 재무구조와 보고를 담당한다.

■ **명교보살** : 명등보살을 도와 각 법등의 교학지도가 주 임무
이며 포교사 계위(階位)를 받은 불자가 담임한다.

가, 법등가족 모임에 참석한다.

나, 법등가족 모임에서 신앙을 지도하고 교법을 해설한다.

다, 법등가족 심방을 돕고 상담에 응한다.

(3) 법등관리

가, 법등이란

보현도량의 파라미타법등은 〈마하반야바라밀다〉의 근본신앙에
의한 보살서원과 불자우애의 결정체로서 함께 수행하고 도우며 전
법하여 모두의 행복을 가꾸어 가는 보현도량 불자모임이다. 다만
이 법등은 사회적인 조직이 아니며 오로지 불자신앙이다.

나, 법등조직의 방침

(ㄱ) 법등가족 구성은 상호 가까운 거주지 위주로 조직한다.

　(또는 친분과 친지 내지 특별한 인연을 통해 법등을 만들 수도 있다.)

(ㄴ) 등(燈) 가족 수는 9명을 상한선으로 하며, 9명이 넘으면 창등(創燈)한다.

(4) 법등임원 : 금강보살, 마하보살, 반야보살, 바라밀다보살, 보리보살, 호명보살

■ **금강보살**

가, 법등을 대표하며 법등가족 모임을 관장한다.

나, 법등을 널리 육성한다.

다, 법등행사를 관장한다.

라, 법등의 신행 · 결속 · 연락의 중심이 된다.

마, 법등가족 모임을 주재한다.

■ **마하보살**

가, 마하등(摩訶燈)을 전법 · 육성한다

나, 금강보살 유고시 그 직무를 대행한다.

다, 금강보살을 도와 법등의 행사를 기획 및 담당한다.

■ **반야보살**

가, 반야등(般若燈)을 전법 · 육성한다.

나, 법등가족 모임 준비와 심방 일정표 작성

다, 법등의 재정관리를 한다.

■ 바라밀다보살

가, 바라밀다등(婆羅密多燈)을 전법·육성한다.

나, 신입가족 신앙지도를 한다.

다, 금강보살이 위임하는 기타 업무를 수행한다.

■ 보리보살

가, 보리등(菩提燈)을 전법·육성한다.

나, 법등 발전의 계획을 수립한다.

다, 법등의 연화활동과 행원동참 및 호법발원의 실태를 파악한다.

■ **호명보살** : 신심·수행의 경륜과 바라밀다 신앙이 타의 귀감이 되는 불자로서 소속 법등의 자문에 임한다. (다섯 등보살의 전원 추천에 의해서나 금강보살 역임자)

(5) 법등가족 모임

가, 법등가족 법회모임(정기법회 때)

(ㄱ) 금강보살(또는 법등임원) 주재하에 법등모임을 갖는다.

(ㄴ) 빙 둘러앉아 서로 마주보고 합장하며 '마하반야바라밀다' 하고 찬탄하며 인사한다.

(ㄷ) 당해 주일의 법등가족 모임 진행요목(주보 또는 따로 준비한 문건)에 의거해 진행.

나, 법등가족 특별모임(가정법회 때)

(ㄱ) 각 법등은 소속 지역에서 월 1회 이상 특별가족모임을 갖는다.

이 때 상호 협조협력하여 전법과 신행활동과 심방기도와 법등행사 등에 관한 토의를 하고 기도와 축원 및 설법을 한다. 다만 등 단위의 모임은 따로 정하지 않고 수시로 갖는다.

(ㄴ) 법회에 참석하지 못한 법우님, 이웃주민(새 가족)을 초청하여 인연을 맺는다.

(ㄷ) 법등가족 특별모임은 다음의 법등가족 특별모임 순서에 의거 진행한다.

(ㄹ) 법등가족 특별모임 시에는 사전에 보현도량 향적국에 연락하여 주보에 공지하여 알린다.

(6) 법등가족 특별모임 순서
- 십념
- 삼귀의
- 둥글고 밝은 빛
- 반야심경 봉독
- 마하반야바라밀 염송기도
- 축원(법등가족모임 축원문)
- 교학(보감에서 선택하여 읽고 토론하거나 준비된 공부를 함)
- 인사말씀(대표자)
- 새가족 환영 및 토의(법등현황, 심방, 봉사, 법회참석 등)
- 전법오서, 법등일송, 법등십과, 수계자 수지요목 등 합송(빛과 연꽃, 반야의 종소리, 꽃을 들어 보여라, 선종무문관 등을 이용)

- 찬불가

- 보현행원

- 사홍서원

- 인사 : 마하반야바라밀 · 보현행원으로 보리이루리(마주 바라
보면서 합장하고 축원하며 다짐함)

'마하반야바라밀다' 염송기도문

　보살이 국토를 장엄하여 불국토를 이루는 데 무상의 여의보주(如意寶珠)를 가졌으니 보살은 이 보주를 항상 굴리어 대위신력을 발휘하고 중생을 제도한다. 이 보주는 '마하반야바라밀다' 이다. 관세음보살도 '마하반야바라밀다' 로 '관자재' 하시어 '오온개공(五蘊皆空)' 하여 일체고액에서 해탈하신다. 일체보살이 '마하반야바라밀다' 로 일체공포를 타파하고 자유를 성취하며 열반을 증득하고 성불한다. '마하반야바라밀다' 는 이것이 대신주다. 대명주다. 무상주다. 무등등주다.

　'마하반야바라밀다' 가 구르는 곳에 일체고가 없어지며 일체의 장애가 타파되며 삼악도가 없어진다. 광명천지가 열리고 일체 소원이 성취되며 자재해탈을 얻게 된다. 일체 불보살과 함께 하게되어 그 위신력을 쓰기 때문이다. 그러므로 보살은 생각마다 걸음마다, 항상 '마하반야바라밀다' 를 힘차게 염송기도하는 것이다.

- 외워 지닌다.-

염송기도 자세

- '마하반야바라밀다'를 염할 때는 자세를 바르게 하고 합장 또는 대삼마야인을 맺는다.

- 눈을 반쯤 감고 자신의 마음에 부처님이 함께하시며 부처님의 빛나는 위신력과 큰 공덕이 넘치고 있음을 관한다.

- 동시에 일체소원이 성취되는 자신과 용기를 가지고 환희심과, 감사한 마음으로 '마하반야바라밀다'를 일심으로 염송기도한다. (이 난은 읽지 않는다.)

바라밀다 염송(정근)

나무 삼세불모 성취만법 무애위덕 「마하반야바라밀(백천만 번)」
〔탄백〕

저희들이	지은바 –	이– 공덕이
일체의 –	중생들의	공덕이되어
모든중생	빠짐없이	성불하옵고
위 –없는	불국토를	이뤄지이다.

법등가족모임 축원문

대자대비 부처님의 무애위신력이 찬란한 광명으로 저희들 한 사람 한 사람과 온 누리를 감싸고 있는 이 순간에 저희들 바라밀다 형제들은 일심 정성 기울여 삼보님 전에 계수례 하옵니다.

저희들은 오늘날 불보살님의 자비하신 위신력을 입사와 가내가 화목하고 아손들이 충실하오며 직장과 사업이 번창하고 온 겨레가 조국과 세계의 평화 번영을 위하여 충성을 다하고 있사옵니다.

그리고 오늘 ○○법등 가족들이 함께 모여 전법수행(傳法修行)과 불자행지(佛子行持)를 연마하기 위하여 법등가족 특별모임을 갖게 되옵니다.

대자대비 부처님이시여,

거듭 무애대자대비 광명으로 저희들을 가호하여 주시옵소서.

저희들의 오늘의 모임이 부처님의 크신 뜻을 더욱 바르게, 참되게 받들게 되오며 저희들을 이끌어 주시는 스님들의 분부를 더욱 착실히 받들게 되어지이다.

전법오서(傳法五誓)의 신념은 나날이 견고하고 빛나는 지혜와 따사로운 자비심은 더욱 자라나지오며 바라밀다의 청정한 복덕의 위덕이 넘쳐나, 저희들의 가정과 사업과 나라와 세계의 안녕과 번영이 나날이 성숙되어지이다.

자비하신 부처님이시여,

오늘의 이 가족모임 진행 중에 일일이 대자비의 가피를 더해 주시사 저희 가족과 형제와 이웃에게 법을 전하고 행복을 심어 주고 법의 광명을 밝히는 저희들의 발원에 더욱 큰 지혜와 힘이 열려지이다.

대자대비 부처님이시여,

오늘 저희들의 이 발원이 지극히 너그러우신 부처님의 대비원력에 섭수하시는 바 되어 이미 그 안에 있음을 믿사오며 감사드리옵니다.

아울러 바라옴은 오늘 이 성스러운 모임을 갖도록 주선하여 주신 ○○○님 댁에 부처님의 특별하신 자비위신력이 부어지시사 가내 길상하고 가업이 흥성하며 일체장애 소멸하여 청정원이 원만히 성취하여지이다.

나무마하반야바라밀다

나무석가모니불 나무석가모니불 나무시아본사석가모니불

법등일송(法燈日誦)

1

생명은 밝은 데서 성장한다. 인간은 밝은 사상에서 발전이 있다. 우리의 본 면목이 원래로 밝은 생명이기에…….

어둠을 찢고 솟아오르는 찬란한 아침해를 보라. 거침없는 시원스러움이, 넘쳐나는 활기가, 모두를 밝히고, 키우고, 따뜻이 감싸주는 너그러움이 거기 있다.

이 한 해를 결코 성내지 않고, 우울하지 않고, 머뭇대지 않고, 밝게 웃으며, 희망을 향하여 억척스럽게 내어 닫는 슬기로운 삶으로 만들자.

빛을 향하는 곳에 행운이 있다. 성공이 온다.

2

오늘 우리는 몇 번 남을 칭찬하였던가.

오늘 우리는 몇 번 남의 허물을 말하였던가.

칭찬하면 태양이 나의 주위에서 빛나고, 비방하면 어둠이 나를 감고 돌아간다. 칭찬하는 마음에는 천국이 열려가고, 비방하는 발길에는 가시덤불 엉기나니….

입은 진실과 광명을 토하는 문이다. 언제나 찬탄과 기쁨을 말하도록 하자.

3

쾌활은 빛이고 우울은 어둠이다. 쾌활과 우울은 공존하지 못한다. 쾌활해지면 우울이 사라지고, 우울해지면 쾌활이 사라진다. 쾌활하게 살자. 크게 웃고 살자. 우울해지면 웃음을 터트리자. 마음이 밝을 때, 건강과 행운이 오는 법이다.

사람들 중에는 말과 표정과 몸가짐 전체로, 밝게 빛나는 사람이 있다. 이런 사람은 어디를 가나 환영받는다. 설사 초청 받지 않은 자리라도 마치 겨울의 햇빛처럼 누구에게나 환영받는다. 그러나 초청 받은 사람이라도 마음이 어두운 사람은 언젠가는 사람들이 싫어한다. 사람이 우울한 것을 싫어하기 때문이다. 마음 밝은 사람에게는 행운이 따라 붙고, 어두운 사람에게는 불운이 따라 붙는다.

4

'나는 불행하다' 고 생각하였을 때, 불행한 일은 찾아든다. 그러니 결코 근심스러운 표정이나 성난 표정은 하지 말아야 한다. 생각은, 이것이 하나의 조각가와도 같다. 사람의 용모 위에 온갖 재주를 부린다. 사람을 미워하면 주름살을 나타내고, 슬퍼하면 얼굴 위에 슬픔을 그려낸다. 따뜻한 자비심은 보살을 나타내고, 근심 걱정할 때에는 용모를 어둡게 만들어 간다. 용모가 어두울 때, 어두운 운명이 오는 법이다. 마땅히 모든 근심 걱정 털어 버리고, 밝은 행복을 생각할 것이다. 평화하고 만족스런 표정, 희망에 넘치는 미소는, 그 사람에게 영원한 젊음과 아름다움을 나타낸다.

5

아무리 어두운 구름이 덮여 오더라도 태양은 거침없이 찬란한 빛을 부어댄다. 아무리 고난과 불안이 밀어닥쳐도 우리의 희망, 우리의 전진을 가로막지는 못한다. 구름을 벽으로 아는 자에게 길이 막힌다. 구름을 두려워 떠는 자에게 불행이 온다. 고난과 불행은 움직이는 필름의 영상과 같이 나타났을 때 사라진다. 그것은 그림자다. 두려워 말고, 흔들리지 말고, 앞으로 나아가자. 희망과 용기와 자신을 더하고 성공을 꿈꾸자. 영겁의 생명, 진리의 태양은 지금 우리의 가슴을 뛰고 시시각각 우리의 결단을 기다리고 있다.

6

원래로 보름달과 같이 원만한 우리 마음인데, 이를 가로막는 것은 감정의 구름덩어리다. 원래로 행복한 인생인데, 불행하게 만든 것은 번뇌망상이다. 원망, 질투, 시기, 분노, 복수심, 슬픔, 삿된 욕망, 쓸쓸한 생각, 또는 무거운 죄의식—이런 것들이 우리의 밝은 마음을 흐리게 한다. 흐린 마음, 어두운 마음에서 불행과 병고가 생긴다.

그러므로 우리는 항상 밝고 맑은 마음이어야 하고 결코 남을 미워하거나 원망하여서는 아니 된다. 어두운 망상이 나면 털어 버리고 나쁜 마음이 들면 참회하여 맑혀야 한다. 참회는 망념을 정화하는 최상의 영약이다.

법등십과(法燈十課)

1. 조석으로 법등일과를 지키고 부처님께 감사하며, 기쁜 마음으로 하루를 시작합니다.

2. 하루 세 번 이상 합장하고, '나는 불보살님과 함께 있다. 나는 건강하고 반드시 행운이 온다' 라고, 선언합니다.

3. 매일 선조와 부모님과 가족과 이웃에게 감사합니다.

4. 사람을 만났을 때, 먼저 밝은 미소〔和顔〕와 친절한 말로 대하고, 무엇으로든 도와드릴 마음을 가집니다.

5. 공공일과 대중사에 앞장서고, 무슨 일이든 정성을 기울여 최선을 다합니다.

6. 매일 전법오서를 읽고 전법을 실천하며, 법회에는 반드시 출석하여 일심으로 청법(聽法)합니다.

7. 자기 법등과 정법호지발원 번호와 금강보살 이름을 기억하고, 자주 연락을 가지며 법등가족의 거룩한 책임을 다합니다.

8. 병든 이나 고난에 빠진 이를 만나면 반드시 기도하고 도웁니다.

9. 자기 소망을 기원할 때도, 나라와 세계의 평화번영과 중생의 성숙을 함께 기원합니다.

10. 법등가족은 감사, 찬탄, 헌신, 전법을 신조로 삼고 법등으로 호법하고 호국할 것을 명심합니다.

수계자 수지요목

삼귀의(三歸依)

귀의불(歸依佛)

– 부처님은 성인 가운데 성인이시며 하늘 가운데 하늘이시다. 지혜와 자비와 무한공덕은 온 누리 온 중생을 고루 덥고 키우신다.

진리이신 몸으로서 영원히 어디서나 우리와 함께 하시는 부처님께 귀의합니다.

귀의법(歸依法)

– '법을 보는 자 나를 보고, 나를 보는 자 법을 본다'고 하셨다. 부처님은 법이시며 진리이시다. 그러므로 부처님의 지혜와 자비는 끝이 없다.

법이신 부처님은 일체중생을 건지시고자 커다란 지혜방편을 굴리시어 진리의 법문을 열어주셨다. 우리는 이 거룩한 법과 가르침에 귀의합니다.

귀의승(歸依僧)

– 부처님 가르침을 따라 배워서 이루고 부처님과 원과 행을 함께 하시는 거룩하신 보살님과 스님들은 이 땅의 빛이시며 온 인류의 영원한 스승이시다.

우리들은 거룩한 스님들께 귀의하여 배우겠습니다.

계(戒)는 무엇인가?

사람은 누구나 부처님 진리로부터 헤아릴 수 없이 많은 공덕을 타고났으니, 이것을 불성(佛性)이라 한다. 또 이것은 사람의 본 성품이다. 불성 자체로 머무시고 한량없는 지혜공덕을 대자비로 온전하게 내어 쓰는 것이 부처님이며 참된 보살인데, 이것을 미혹하여 그릇 사용하는 것을 범부중생이라 한다. 5계는 중생이 부처님으로부터 받고 나온 불성의 무량공덕문(無量功德門)을 여는 다섯 가지 방법이다. 이것은 누구나의 소원을 성취시킬 수 있는 요결이며 해탈에 이르는 큰 길(大道)이다. 또한 계를 받는 것은 부처님의 권속이 되는 것이며, 5계는 자성(自性)의 본상(本相)이다. 다만 그대로 드러낼 뿐이다.

5계(五戒)

-. 첫째 : 생명을 존중하라〔不殺生〕

모든 생명은 불성에서 온 바이니, 그 가치와 권위와 신성은 무엇에도 비할 데 없다. 그를 존중하고 보호하며 섬기고, 그가 지니고 있는 끝없는 공덕을 충분히 발휘하도록 도와야 한다. 그렇거늘 어찌 생명을 억압하거나 손상하거나 내지 죽일까 보냐. 이것은 자비의 종자를 끊는 중대한 과실이 된다.

-. 둘째 : 아낌없이 베풀어 주라〔不偸盜〕

모든 중생은 본래로 부처님의 무한공덕을 쓰고 사는 것이니, 마음의 문을 활짝 열고 서로 걸림 없이 흐르게 하여야 한다. 이미 있는 지혜·재물·능력, 그 모두를 이웃을 위하고 또한 참된 자신을 위하여 남김없이 발휘하라. 그리하여 모두가 부처님의 무량공덕을 자유로이 통하여 쓸 것이어늘, 어찌 하물며 서로 막고 간탐심을 내고 남의 것을 넘겨보고 빼앗거나 훔칠까 보냐. 이것은 복덕의 종자를 끊는 중대한 과실이 된다.

-. 셋째 : 청정을 행하라〔不邪淫〕

일체중생이 원래로 청정한 자성을 함께 하고 있는 것인데, 어찌 이것을 등지고 분별심을 일으키고, 그 중에 다시 집착심을 일으켜 그 마음을 흐리게 하고 어지럽게 할까.

염착심을 내고 마음을 거칠고 혼란하게 하는데는 애욕이 으뜸이니, 마땅히 경계를 당하여 자성의 청정을 잃지 말 것이어늘, 어찌 하물며 마음을 방자하게 하여 음행을 탐착하고 윤리를 어겨 사음을 행할까 보냐. 이는 청정의 종자를 끊는 중대한 과실이 된다.

-. 넷째 : 진실을 말하라〔不妄語〕

일체중생 모두가 그 자성이 진실하니, 오직 진실을 생각하고 진실을 말함으로서 일체경계에 진실이 성취되는 것이다. 따라서 입은 진실을 말하여 진실을 이루게 하는 성스러운 문이거늘, 어찌하여 진실을 어기고 허망을 보아 망녕된 말이나 꾸며내는 말이나 형세따라 두 말하는 말이나 모질고 독한 말을 할까 보냐. 이것은 진실의 종자를 끊는 중대한 과실이 된다.

-. 다섯째 : 정념(正念)을 지켜라〔不飮酒〕

사람마다 본성이 원래로 적적하고 원래로 성성하여 일찍이 동요

증감이 없는 것이다. 그러므로 항상 본래의 성품대로 성성적적한 본 삼매인 정념을 간직하여 항상 지혜로 통달한 것이어늘 어찌하여 생각에 미혹을 일으키고 분별동요를 일으켜서 그 마음을 어지럽혀 본성을 잃을 것이며, 더욱이 이성을 마비시키고 의지의 돌쪼기를 무너뜨리는 술을 마셔 취할까 보냐. 이것은 지혜의 종자를 끊는 중대한 과실이 된다.

5서(五誓, 다섯 가지 맹서)

5계를 받은 사람은 '진실불자'다. 부처님의 진리광명을 간직한 사람이다. 이에 보현도량 불자는 마땅히 다섯 가지 맹서를 발하여 스스로 법을 견고하게 하고, 불법을 이웃과 사회에 전하여야 하나니, 5서는 불자 마음에 있는 불신력(佛神力)을 내어 쓰는 열쇠가 된다. 그러므로 다음의 전법5서를 발하지 아니하면 참 불자가 아니며, 무능·무력자가 되고 만다.

전법오서(傳法五誓)

우리는 파라미타법등입니다.

-. 전법으로 바른 믿음(正信)을 삼겠습니다.

-. 전법으로 정정진(正精進)을 삼겠습니다.

-. 전법으로 무상공덕(無上功德)을 삼겠습니다.

-. 전법으로 최상의 보은(報恩)을 삼겠습니다.

-. 전법으로 정토(淨土)를 성취하겠습니다.

戒 牒

示 佛 子

삼귀의三歸依

거룩한 부처님께 귀의합니다   歸依佛兩足尊

거룩한 가르침에 귀의합니다   歸依法離欲尊

거룩한 스님들께 귀의합니다   歸依僧衆中尊

오 계五戒

– 생명을 존중하라   不殺生

– 아낌없이 베풀어 주라   不偸盜

– 청정행을 하라   不邪淫

– 진실을 말하라   不妄語

– 바른 마음을 지켜라   不飮酒

법 어法語

보리자성이 본래 청정하니 다만 이 마음을 쓰라.

곧 성불해 마치리라.(菩提自性 本來淸淨 但用此心 直了成佛)

불기 25 년   월   일

大韓佛敎曹溪宗 普賢道場 到彼岸寺 金剛戒壇

戒 師 金 河 光 德

법등가족 심방기도에 대하여

법등가족 간의 우의를 돈독하게 하고 동일생명을 실천하는 심방기도를 적극 실천한다.

1. 가족 중 병고나 어려움을 당하거나 경사스러운 일이 있을 때, 심방하여 기도하고 축원한다.

2. 신입가족은 특별히 심방하여 법등가족 생활에 어려움이 없도록 도와주고 기도·축원으로 인도한다.

3. 법등임원은 법등가족을 등 단위로 심방하고 보살펴 준다.

4. 법회에 나오지 못하는 법우형제를 심방하고 법회소식을 전해 준다. 어려움이 있어 법회 참석을 못하면 힘껏 도와준다.

5. 심방 축원 시 기도 순서 및 축원문은 『보현도량 금하보감』을 적극 활용한다.

법등가족 심방기도 순서(일반적인 경우)

1. 십념

2. 삼귀의

3. 둥글고 밝은 빛

4. 반야심경

5. 독경

   (금강경, 지장경, 부모은중경, 보문품, 보현행원품 등 이 책 금하보감에 실린 내용을 주로 선택함)

6. 마하반야바라밀 염송기도

7. 축원

8. 부처님께 기원합니다.

9. 사홍서원

※ 가내길상 기도나 개업, 안택, 결혼, 승진, 생일, 회갑 등의 모든 기도 시에 순서는 위와 같이 하고 축원만 다르게 한다.

법등가족 문병기도 순서

1. 십념

2. 삼귀의

3. 반야심경 봉독

4. 마하반야바라밀다 염송기도

5. 축원(문병쾌차)

6. 사홍서원

※ 위의 순서는 병원에서 기도할 경우이며, 환자의 상태나 장소를 살펴 가며 첨삭을 임의롭게 한다.

법등가족 특별활동에 대하여

1. 법등가족이 어려움을 당하면 나의 일로 생각하여 적극 돕는다.

2. 불행을 당하거나 힘든 이웃을 찾아가 도와주고 부처님께 기도하고 축원한다.

3. 보현도량 가족에 관계없이 기도축원을 원하는 분에겐 헌신봉사한다.

4. 공익과 질서에 앞장서서 불자의 참가치를 실천한다.

5. 봉사할 일에 따라 개인 또는 단체로 봉사헌신한다.

6. 법회의 행사엔 빠짐없이 참석하여 바라밀다 수행의 모범 법등이 된다.

법등가족 쾌차축원문

대자대비 부처님,

지혜의 태양으로 온 누리 빛내시고 자비의 은혜로 온 이웃과 저희들을 감싸주심을 감사드리옵니다. 저희들 불자들은 부처님의 자비하신 위신력을 입사옵고 일심정성 정진하오며 간절한 기원을 드리옵니다.

금일 ○○○ 불자가 병고로 신음하고 있사옵니다. 저희들은 불자가 지난 동안에 반야바라밀다의 진리광명을 등지고, 미혹에 휘말려 어둠을 지은 결과임을 깨달았사옵고 이제 깊이 참회하옵니다. 부처님 가르침 배우지 못하고 어둠의 길 방황했던 지난날을 참회하오며, 부처님 법 만난 후에도 바른 믿음 갖지 못하고 삼독에 휘둘린 생활을 지심 참회하옵니다.

대자대비 광명이시여,

저희들의 참회를 섭수하여 주시어 불자가 지은 바 일체 어둠을 밝게 비추어 깨뜨려 주옵소서. 부처님은 원래로 법성광명이시옵기 지혜와 자비와 위덕의 근원이시옵니다. 부처님의 자비하신 광명은 크나큰 위신력으로 저희들 모두를 감싸시고, 일체중생 본성 속에 법성위덕을 충만케 해주셨사옵니다. 오늘의 불자에게는 각별하신 자비의 은덕으로 무애위력이 베풀어 주셨음을 깊이 믿사옵니다.

살피옵건대, 오늘 불자의 병고는 지난 날 지은 바 어둠의 그림자이므로 그것은 실이 아니며 나타남으로서 사라져 가는 과정임을 믿사옵니다. 실로 불자에게는 오직 여래광명만이 충만하옵니다. 건강과 활기가 바다처럼 넉넉하고 은혜의 물줄기는 파도처럼 너울치고 있음을 믿사옵니다.

대자대비 부처님, 오늘 불자로 하여금 이 반야실상의 믿음을 회복케 하여 주옵소서. 그리하여 영원히 건강하고, 생명이 왕성하며, 은혜로 충만함을 깨닫게 하시며, 나아가 법성실상 청정공덕이 불자의 생활에 현전케 하여 주옵소서.

다시 엎드려 바라옵건대, 오늘 불자의 선망부모에게 대자비 위신력을 베풀어주소서. 반야광명 드러나 지난 동안의 죄업이 소멸케 하여 주시오며, 본성광명이 명랑하게 드러나 미묘법문 깨달아서 무상도를 이루게 하여 주옵소서.

자비하신 부처님, 저희들의 이 발원이 부처님의 대자비 서원력 속에 원만히 성숙되며, 이 인연공덕으로 법계유정이 다함께 금강신을 이루어 무위국을 자재하여지이다.

나무마하반야바라밀다
나무석가모니불 나무석가모니불 나무시아본사석가모니불

연화부 활동

보현도량에서는 연화부를 조직하고, 형제들이 상(喪)을 당하였을 때, 힘을 모아 돕는다.

상당시(喪當時) 임종수계(臨終授戒)와 발인에는 스님이나 연화법사가 집전하고, 그 외에는 연화부 임원이 독경, 염불을 지도하며 소속 법등 가족이 동참하여 함께 독경, 염불로 영가의 왕생극락을 기원한다.

(상을 당하였을 때는 당황하지 말고 곧장 연화부로 연락하면 모든 장의 절차를 적극 돕고 앞장선다.)

행원동참

매달 보현도량 형제들은 각각 행원동참 성금을 봉납하고 지혜와 자비의 실천인 행원에 적극 앞장선다.

이웃을 돕는 것은 전법이고 신앙의 성숙이며 또한 동일생명의 질서이며 자신의 본래 모습이다.

바라밀다행자의 믿음에는 '불우한 이웃'은 원래 없다. 다만 부처님 법을 알지 못하거나 인연이 먼 이웃이 있을 뿐이다. 외롭다고 생각하는 형제에게 부처님 말씀을 전해 주고 육신의 병고나 노쇠로 신음하는 형제에게 우리 모두 하나임을 행으로 증거한다.

모든 바라밀다 형제들은 한 사람 한 사람이 보현보살이 되어서 이 땅이 이미 바라밀다국토임을 증거해 가야 한다.

이 장전은 보현도량 회장단의 자문을 거쳐 사주가 제정하여 공표
한다.

불기 2544(2000)년 12월 15일
사   주

2

보현도량 기도문

祈 禱 門

1. 예불(禮佛)

【다게 茶偈】– 아침예불 시

일 – 심 –　청정수

감로다 –　삼아서

삼보님전　올리오니

「자비로써　거두소서. (3번, 큰절하면서)」

(이어서 아래의 상단예불문 낭송)

【상단예불문(上壇禮佛文)】

一 至心歸命禮　三界大師　四生慈父　是我本師　釋迦牟尼佛

　　지심귀명례　삼계대사　사생자부　시아본사　석가모니불 (절)

一 至心歸命禮　十方三世　帝網刹海　常住一切　佛陀耶衆

　　지심귀명례　시방삼세　제망찰해　상주일체　불타야중 (절)

一 至心歸命禮　十方三世　帝網刹海　常住一切　達磨耶衆

　　지심귀명례　시방삼세　제망찰해　상주일체　달마야중 (절)

一 至心歸命禮 大智文殊師利菩薩 大行普賢菩薩 大悲觀世音菩薩

지심귀명례 대지문수사리보살 대행보현보살 대비관세음보살

大願本尊地藏菩薩摩訶薩

대원본존지장보살마하살 (절)

一 至心歸命禮 靈山當時 受佛付囑 十大弟子 十六聖

지심귀명례 영산당시 수불부촉 십대제자 십육성

五百聖 獨修聖 乃至 千二百 諸大阿羅漢 無量慈悲聖衆

오백성 독수성 내지 천이백 제대아라한 무량자비성중 (절)

一 至心歸命禮 西乾東震 及我海東 歷代傳燈 諸大祖師

지심귀명례 서건동진 급아해동 역대전등 제대조사

天下宗師 一切微塵數 諸大善知識

천하종사 일체미진수 제대선지식 (절)

一 至心歸命禮 十方三世 帝網刹海 常住一切 僧伽耶衆

지심귀명례 시방삼세 제망찰해 상주일체 승가야중 (절)

(고두례 하면서)

원합노니   다함없는   삼보이시여

대자비로   저희예경   받아주소서

걸림없는   위덕으로   감싸주시사

모든중생   함께성불   하여지이다. (반배)

【행선축원(行禪祝願)】- 아침예불 때만

상래에-   닦은바-   모든공덕을
위- 없는   보리도와   모든성현과
삼계일체   중생에게   회향하오니
일체에-   두루하여   원만하여지이다. (목탁에 따라 3배 시작)
원합노니   삼보자존   현성이시여
저희들의   깊은서원   거둬주소서
저희조국   만만세로   평화하옵고
부처님법   길이길이   떨쳐지이다.
저희들이   세세생생   태어날때에
어느때나   반야문에   깊이들어가
용맹스런   큰정진은   본사존같이
큰깨달음   이루기는   사나불같이
막힘없는   큰지혜는   문수존같이
넓고큰-   장부행은   보현존같이
크신서원   무변신은   지장존같이
중생따라   몸나툼은   관음존같이
시방세계   곳곳마다   몸을나투어
모든중생   남김없이   건져지이다. (반배)
저의이름   듣는이는   삼도면하고
저의형상   보는이는   해탈을얻어
이와같이   교화하여   사겁지내어

불—중생	없는법—	이뤄지이다.
사사시주	시방단월	소원이루며
이미가신	부모님은	극락에나고
살아계신	사친님—	만복하오며
모든고혼	악도를—	여여지이다.
천룡팔부	옹호성중	삼보받들어
불사문중	일체장애	영영끊이고
모든중생	세세생생	보살도닦아
위—없는	일체지를	원만히이뤄
법계중생	모두함께	「마하반야바라밀 (다함께)」

「나무석가모니불 · 나무석가모니불 · 나무시아본사석가모니불 (다함께)」

〈이어서 다음 쪽의 반야심경 독송〉

【오분향례】— 저녁예불 시

계향 · 정향 · 혜향 · 해탈향 · 해탈지견향

온—누리 광명구름 시방세계 두루하여

한량없는 삼보님전 공양합니다. (반배)

헌향진언(獻香眞言)

옴 바아라 도비야 훔 (3번)

〈이어서 앞의 상단예불문 낭송과 다음 쪽의 반야심경 독송〉

2. 마하반야바라밀다심경(국역)

관재재보살 깊은 반야바라밀다 할 적 오온 공함 비춰봐 일체고액 건너라.

사리자여, 색이 공과 다르지 않고, 공이 색과 다르지 않아, 색 곧 공이요 공 곧 색이니, 수·상·행·식 역시 이럴러라. 사리자여, 이 모든 법 공한 상은 나지도 않고·멸하지도 않고·더럽지도 않고·깨끗하지도 않고·늘지도 않고·줄지도 않나니, 이 까닭에 공 가운데 색 없어, 수·상·행·식 없고, 안·이·비·설·신·의 없어, 색·성·향·미·촉·법 없되, 안계 없고 의식계까지 없다.

무명 없되, 무명 다됨 역시 없으며, 노사까지도 없되, 노사 다됨 역시 없고, 고·집·멸·도 없으며, 슬기 없어 얻음 없나니,

얻을 바 없으므로 보리살타가 반야바라밀다 의지하는 까닭에 마음 걸림없고 걸림없는 까닭에 두려움 없어, 휘둘린 생각 멀리 떠나 구경열반이며 삼세제불도 반야바라밀다 의지한 까닭에 아뇩다라삼먁삼보리 얻었나니,

이 까닭에 반야바라밀다는 이 큰 신기로운 주며, 이 큰 밝은 주며, 이 위없는 주며, 이 등에 등 없는 주임을 알라. 능히 일체고액을 없애고 진실하여 헛되지 않기에 짐짓 반야바라밀다주를 설하노니 이르되,

「아제아제 바라아제 바라승아제 모제사바하 (3번)」

3. 천수경(千手經)

청정법신 비로자나불	淸淨法身 毘盧遮那佛
원만보신 노사나불	圓滿報身 盧舍那佛
천백억화신 석가모니불	千百億化身 釋迦牟尼佛
구품도사 아미타불	九品導師 阿彌陀佛
당래하생 미륵존불	當來下生 彌勒尊佛
시방삼세 일체제불	十方三世 一切諸佛
시방삼세 일체존법	十方三世 一切尊法
대성문수사리보살	大聖文殊舍利菩薩
대행보현보살	大行普賢菩薩
대비관세음보살	大悲觀世音菩薩
대원본존지장보살	大願本尊地藏菩薩
제존보살 마하살	諸尊菩薩摩訶薩
마하반야바라밀다	摩訶般若婆羅密多

【보례게】- 인례가 함

저희이제　일심으로　염하온중에
이몸으로　무량한몸　나타내어서
시방세계　두루계신　삼보님전에
빠짐없이　한이없이　절하옵니다. (반배)

보례진언

옴 바아라 믹 (3번, 두 번은 반배로 하며, 세 번째 큰 절하면서 꿇어앉음)

정구업진언(淨口業眞言) - (여기서부터 다함께 함)
수리수리 마하수리 수수리 사바하 (3번)

오방내외안위제신진언(五方內外安慰諸神眞言)
나무 사만다 못다남 옴 도로도로 지미사바하 (3번)

개경게(開經偈)

위 - 없이　심히 깊은　미묘법이여
백 - 천 -　만겁인들　어찌만나리
내 - 이제　보고듣고　받아지니니
부처님의　진실한뜻　알아지이다.

개법장진언(開法藏眞言)

옴 아라남 아라다 (3번)

【대비주계청(大悲呪啓請)】

천수천안　관음보살　광대하고　원만하고
걸림없는　대비심의　신묘법문　열리소서

관음보살　　대비주께　　계수합니다
자비원력　　넓고깊고　　상호갖추고
일천팔로　　장엄하고　　중생거두며
천눈으로　　광명놓아　　두루비추고
진실하온　　말씀중에　　비밀설하며
함이없는　　마음중에　　자비심내어
온갖소원　　지체없이　　이뤄주셔라
온갖죄업　　길이길이　　멸해없애고
천룡들과　　성현들이　　감싸주시사
백천삼매　　순식간에　　이루게하니
이다라니　　가진몸은　　광명당이오
이다라니　　지닌마음　　신통장이라
모든번뇌　　맑혀지고　　삼계를벗고
대 - 보리　　방편문을　　얻어지이다
제가이제　　지송하고　　귀의하오니

원하는바　　　원만하게　　　이뤄지이다

대자대비　　　관세음께　　　귀의합니다
일체법을　　　어서속히　　　알아지이다
대자대비　　　관세음께　　　귀의합니다
지혜의눈　　　어서어서　　　얻어지이다
대자대비　　　관세음께　　　귀의합니다
일체중생　　　어서속히　　　건네지이다
대자대비　　　관세음께　　　귀의합니다
좋은방편　　　어서어서　　　얻어지이다
대자대비　　　관세음께　　　귀의합니다
반야선에　　　어서속히　　　올라지이다
대자대비　　　관세음께　　　귀의합니다
고통바다　　　어서어서　　　건네지이다
대자대비　　　관세음께　　　귀의합니다
계정도를　　　어서속히　　　얻어지이다
대자대비　　　관세음께　　　귀의합니다
원적산에　　　어서어서　　　올라지이다
대자대비　　　관세음께　　　귀의합니다
무위사를　　　어서속히　　　만나지이다
대자대비　　　관세음께　　　귀의합니다
법성신을　　　어서어서　　　이뤄지이다

제가만약　　　도산지옥　　　향하올지면
칼산이 –　　　스스로 –　　　꺾어지오며
제가만약　　　화탕지옥　　　향하올지면
화탕이 –　　　스스로 –　　　소멸되오며
제가만약　　　다른지옥　　　향하올지면
지옥이 –　　　스스로 –　　　없어지이다
제가만약　　　아귀도를　　　향하올지면
아귀들이　　　저절로 –　　　배가부르고
제가만약　　　수라도를　　　향하올지면
악한마음　　　스스로 –　　　사그러지며
제가만약　　　축생도를　　　향하올지면
스스로 –　　　큰지혜를　　　얻어지이다

나무관세음보살마하살
나무대세지보살마하살
나무천수보살마하살
나무여의륜보살마하살
나무대륜보살마하살
니무관자재보살마하살
나무정취보살마하살
나무만월보살마하살
나무수월보살마하살

나무군다리보살마하살

나무십일면보살마하살

나무제대보살마하살

「나무본사아미타불 (3번)」

신묘장구대다라니(神妙章句大陀羅尼)

나모라 다나다라 야야 나막알약 바로기제 새바라야 모지 사다바 야 마하사다바야 마하가로 니가야 옴 살바 바예수 다라나 가라야 다사명 나막가리다바 이맘 알야 바로기제 새바라 다바 니라칸타 나 막하리나야 마발다 이사미 살발타 사다남 수반아예염 살바보다남 바바마라 미수다감 다냐탸 옴 아로계 아로가 마지로가 지가란제 혜 혜하례 마하모지 사다바 사마라사마라 하리나야 구로구로 갈마 사 다야 사다야 도로도로 미연제 마하미연제 다라다라 다린나례 새바 라 자라자라 마라 미마라 아마라 몰제예혜혜 로계 새바라 라아 미 사미 나사야 나베 사미사미나사야 모하자라 미사미 나사야 호로호 로 마라호로 하례 바나마 나바 사라사라 시리시리 소로소로 못자못 자 모다야모다야 매다리야 나라칸타 가마사 날사남 바라하라나야 마낙 사바하 싯다야 사바하 마하싯다야 사바하 싯다유예 새바라야 사바하 니라칸타야 사바하 바라하 목카싱하 목카야 사바하 바나마 하따야 사바하 자가라 욕타야 사바하 상카섭나녜 모다나야 사바하 마하라 구타다라야 사바하 바마사간타 이사시체타 가릿나 이나야 사바하 먀가라 잘마 이바사나야 사바하

「나모라 다나다라 야야 나막알야 바로기제 새바라야 사바하 (3
번)」

【사방찬】

동쪽에　　　물뿌리니　　　도량정하고
남쪽에　　　물뿌리니　　　청량얻으며
서쪽에　　　물뿌리니　　　정토갖추고
북쪽에　　　물뿌리니　　　길이편하리

【도량찬】

도량이 -　　　청정하여　　　티끌없으니
삼보님과　　　팔부성중　　　강림하소서
제가이제　　　미묘진언　　　외우옵나니
크신자비　　　베푸시어　　　가호하소서

【참회게】

지난동안　　　지은바 -　　　모든악업은
무시이래　　　탐진치로　　　말미암아서
몸과말과　　　뜻으로 -　　　지었사오니
제가이제　　　그모두를　　　참회합니다

참회진언(懺悔眞言)

옴 살바 못자 모지 사다야 사바하 (3번)

【준제찬】

준제주는　　온갖공덕　　무더기러라
고요한 -　　마음으로　　항상외우면
이 - 세상　　온갖재난　　범접못하리
하늘이나　　사람이나　　모든중생이
부처님과　　다름없는　　복을받으니
여의주를　　얻음과 -　　같으리로다.
「나무 칠구지 불모 대준제보살 (3번)」

정법계진언(淨法界眞言)
옴 남 (3번)

호신진언(護身眞言)
옴 치림 (3번)

관세음보살 본심미묘 육자대명왕 진언(觀世音菩薩本心微妙六字
大明王眞言)
옴 마니 반메 훔 (3번)

준제진언(準提眞言)

나무 사다남 삼먁삼못다 구치남 다냐타
「옴 자례주례 준제 사바하 부림 (3번)」

내 – 이제	준제주를	지송하옵고
보리심 –	발하오며	큰원세우니
정과혜가	두렷이 –	밝아지오며
모든공덕	남김없이	성취하옵고
수승한복	두루두루	장엄하오며
중생모두	불도를 –	이뤄지이다.

여래십대발원문

바랍노니	삼악도를	길이여의고
탐심진심	삼독심 –	속히끊으며
어느때나	삼보이름	항상듣고서
계정혜 –	삼학을 –	힘써닦으며
부처님을	따라서 –	항상배우고
위 – 없는	보리심에	항상머물며
어김없이	안양국에	태어나아서
아미타 –	부처님을	친견하옵고
미진세계	국토에 –	몸을나투어
모든중생	남김없이	건네지이다.

【발사홍서원】

중 – 생 –　가없지만　기어코 –　건지리다.
번 – 뇌 –　끝없지만　기어코 –　끊으리다
법 – 문 –　한없지만　기어코 –　배우리다
불 – 도 –　끝없지만　기어코 –　이루리다

자 – 성 –　중생을 –　기어코 –　건지리다
자 – 성 –　번뇌를 –　기어코 –　끊으리다
자 – 성 –　법문을 –　기어코 –　배우리다
자 – 성 –　불도를 –　기어코 –　이루리다

〔원이발원이귀명례삼보〕
「나무 상주시방불
나무 상주시방법
나무 상주시방승 (3번)」

4. 보현행자의 서원

서분(序分)

부처님은 끝없는 하늘이시고 깊이 모를 바다이십니다.

생각할 수 없는 청정공덕을 햇살처럼 끊임없이 부어주십니다. 나의 마음·나의 집안·우리 사회, 구석구석에 또한 온 겨레·온 중생, 가슴속에 한없이 한없이 고루 부어주십니다.

온 중생·온 세계·온 우주는 부처님의 자비하신 은혜 속에 감싸여 있습니다. 부처님의 거룩하신 은혜는 나의 생명과 우리 국토·온 세계에 넘치고 있습니다. 모든 중생이 부처님의 은혜로운 공덕을 받고서 태어났으며, 은혜로운 공덕을 받아쓰면서 생활합니다. 온 중생은 모두가 일찍이 축복받은 자이며, 일찍이 거룩한 사명을 안고 이 땅에 태어나서 거룩한 삶의 역사를 열어가고 있습니다.

이와 같이 거룩한 광명과 은혜로 살고 있으면서 이 사실을 모르고 있는 자를 중생이라 하였습니다. 저들은 지혜의 눈이 없다 하기보다 착각을 일으켜 육체를 자기로 삼고, 듣고 보는 물질로써 세계를 삼으며, 거기서 얻은 생각으로 가치를 삼고, 그를 추구합니다. 그렇기 때문에 중생세계는 겹겹으로 장벽에 싸여 있고 사람과 사람 사이는 막혀 있으며 중생들은 헤아릴 수 없는 고통에 감겨 지냅니다.

이 모두가 미혹의 탓이며, 착각으로 말미암아 자기를 그릇 인정한 데에 기인합니다.

그렇지만 이 국토는 원래로 부처님 공덕이 넘쳐 있습니다. 설사, 중생들이 미혹해서 잘못 보고, 잘못 생각하고, 고통을 느끼더라도 실로 우리와 우리의 국토가 부처님의 광명국토임은 변하지 않았습니다. 거룩한 광명과 거룩한 공덕이 영원히 변함없이 이 세계를 감싸았고, 그 속에 온 중생이 끝없는 은혜를 지닌 채 약여(躍如)합니다.

이 세상이 우리 눈에 어떻게 나타나 보이더라도, 이 마음에 어떻게 느껴지더라도, 저희들은 부처님의 무량공덕장 세계를 의심하지 않겠습니다.

온 세계 가득히 넘쳐 있는 거룩한 공덕을 결코 의심하지 않겠습니다.

거룩하신 대보살들과 모든 중생들이, 부처님의 거룩하신 마음속에 하나인 것을 굳게 믿사옵니다. 일체 중생의 본성이 불성이오므로 온갖 중생의 생명이 부처님의 공덕생명임을 믿사오며, 중생들이 이 참생명을 믿고 구김없이 씀으로써, 한량없는 새로운 창조가 열리는 것을 굳게 믿사옵니다.

보현보살께서 말씀하신 십종행원은 부처님의 무량공덕을 우리의 현실 위에 발휘하는 최상의 지혜입니다. 행원을 실천하는 데서 우리와 우리의 가정과 우리의 사회 위에 생명의 참가치가 구현되며,

우리 국토 위에 불국토의 공덕장엄이 구현됩니다.

보현행원은 부처님의 무량공덕세계를 여는 열쇠입니다. 열 가지 문은 하나로 통해 있습니다. 한 가지를 행하여도 부처님의 온전한 공덕은 넘쳐 나옵니다. 행원의 실천은 우리가 자기 생명의 문을 여는 일입니다. 나의 생명 가득히 부어져 있는 부처님 공덕을 발휘하는 거룩한 기술입니다. 나의 생명을 부처님 태양 속에 바로 세우는 일이며, 내 생명에 깃든 커다란 위력을 퍼내는 생명의 숨결이며, 박동(拍動)입니다.

그렇기 때문에 행원에는 목적이 없습니다. 어떠한 공덕을 바라거나, 부처님의 은혜를 바라거나, 이웃이 알아주기를 바라거나, 내지 성불하기를 바라지 않습니다. 행원 자체가 목적입니다. 행원은 나의 생명의 체온이며 숨결인 까닭에 나는 나의 생명껏 행원으로 살고 기뻐하는 것뿐입니다.

행원으로 나의 생명은 끝없는 힘을 발휘합니다. 출렁대는 바다의 영원과 무한성을 생명에 받으며, 무가보(無價寶)가 흐르는 복덕의 대하(大河)가 생명에 부어집니다.

나의 참생명의 파동이 행원인 까닭에, 나의 생명이 끝이 없고 영원하듯이 나의 행원도 끝이 없고 영원합니다. 허공계가 다하고, 중생계가 다하고, 중생의 업이 다하고, 중생의 번뇌가 다하더라도, 나의 생명행원은 다함이 없습니다.

보현행원은 나의 영원한 생명의 노래이며, 나의 영원한 생명의 율동이며, 나의 영원한 생명의 환희이며, 나의 영원한 생명의 위덕이며, 체온이며, 광휘이며, 그 세계입니다.

나는 이제 불보살님 전에 나의 생명 다 바쳐서 서원합니다.

"보현행원을 실천하겠습니다. 보현행원으로 보리를 이루겠습니다. 보현행원으로 불국토를 성취하겠습니다.

대자대비 세존이시여, 저희들의 이 서원을 증명하소서."

예경분(禮敬分)

부처님께 예경하겠습니다.

일체세계 일체국토에 계시는 미진수(微塵數) 부처님께 예경하겠습니다.

혹은 보살신으로 나투시고, 혹은 부모님으로 나투시고, 혹은 형제나 착한 이웃으로 나투시고, 혹은 거친 이웃이나 대립하는 이웃으로 나타나시는 자비하신 부처님께 빠짐없이 예경하겠습니다. 아무리 모나게 나에게 대하여 오고, 아무리 억울하고 다시 어려운 일을 나에게 몰고 오더라도, 거기서 자비하신 부처님을 보겠습니다. 나를 키우시려는 극진하신 자비심에서 나의 온갖 일을 다 살펴주시고, 천만가지 방편을 베푸시어 자비하신 은혜로 나에게 대하여 오시는, 나를 둘러싼 수많은 부처님. 비록 형상과 나툼이 아무리 거칠더라도 진정 곡진하신 자비심을 깊이 믿고 감사하겠사오며 그 모든 부처님을 공경하겠습니다. 온갖 방편 다 기울여서 영원한 미래가 다하도록 예경하겠습니다.

부모님과 형제·이웃과 벗·온 겨레와 중생이 기실 부처님 아니신 분 없으십니다. 끝없고 한없는 공덕을 갖추지 않으신 분 없으십니다. 이 모든 거룩한 임께 내 지극정성 다 바쳐서 예경하겠습니다. 그리고 이 사회·이 국토·이 질서 속에서 이와 같은 불성인간(佛性人間)의 존엄과 신성이 보장되고 그가 지닌 지고(至高)한 가치와 능력과 덕성이 발휘되도록 힘쓰겠습니다.

찬양분(讚揚分)

모든 부처님을 찬양하겠습니다.

부처님의 대지혜와 대자비의 끝없는 큰 공덕을 찬양하겠습니다. 부처님이 지니신 바 거룩하온 서원력은 일체세계 일체시간을 덮고 있사오며 저희들은 온갖 지혜, 온갖 힘을 다 기울여도 그 작은 부분조차 생각할 수 없사오니 오직 있는 정성 모두 바쳐 끝없는 서원력을 찬양하겠습니다.

일체중생 모두가 또한 부처님의 공덕을 모두 갖추었으니 일체중생이 갖춘 그 모든 공덕을 찬양하겠습니다. 겉모양이 비록 가지가지 중생상을 보일지라도 그것은 모두가 허망한 그림자이며 나를 위한 방편 시현이십니다. 실로 모든 중생이 진정 중생이 아니며 부처님의 거룩하신 공덕을 구족하게 갖추고 있사옵니다. 지극히 지혜롭고 지극히 자비하고 온갖 능력 다 갖추었으며 온갖 공덕 다 이루어 원만하고 자재하니 이것이 일체중생의 참모습이옵니다. 저희들은 이 모든 중생과 그가 지닌 한량없는 공덕을 찬양하겠습니다. 결코 중생이라 낮춰 말하지 않겠습니다. 비방하거나·어리석다 하거나·무능하다 하거나·불행하다 하거나·미래가 어둡다고 말하지 않겠습니다. 부처님께서 완전하심과 같이 일체중생이 원만한 덕성임을 믿사오며 그 모두를 항상 찬양하겠습니다.

끝없는 은혜를 주시는 부처님이 항상 우리 주변에 계시어서, 혹은 부모님이기도 하고, 아내나 남편이기도 하고, 형제가 되기도 하고, 이웃이나 벗이나 같은 겨레가 되어서, 언제나 끝없는 은혜를 부어주고 계시며, 이 땅위에 부처님 광명세계를 이룩하기 위하여 큰 위신력을 떨치고 계심을 깊이 믿고, 저 모든 부처님을 미래세가 다하도록 찬양하겠습니다.

일체세계에 극미진수 부처님이 계시고, 그 낱낱 부처님 계신 곳마다 한량없는 보살들이 둘러계심을 깊이 믿사오며, 눈앞에 대하듯 정성 기울여 찬양하겠습니다.

중생과 세계의 나타난 현상이 아무리 거칠고 부정하게 보이더라도, 실로 실상은 청정하고 원만하오니 저는 결정코 중생과 세계의 실상을 찬양하고 긍정하는 말을 하겠습니다.

참된 진리의 모습을 깊이 믿고 그대로를 말하는 것이 실상의 말이며, 참된 말이며, 올바르게 찬양하는 말인 것을 깊이 믿습니다. 그리고 이와 같이 믿고 찬양하는 참말은 위대한 성취력을 지니며 창조의 힘을 나타냄을 깊이 믿습니다. 그리하여 저희들이 닦는바 찬양하는 행원은 이것이 이 세상에 평화와 번영과 청정과 협동을 실현하는 신묘(神妙)한 작법(作法)임을 믿습니다. 저희들은 이 찬양하는 행원으로 우리의 마음과 우리의 세계에 실상공덕을 구현시키겠사오며 우리들이 바라온 바 보살의 국토를 성취하고 우리의 일상생활 속에서 필요한 낱낱 소망을 성취하겠습니다.

말은 이것이 위대한 창조의 힘을 지니고 있사온 바 저희들은 참된 말을 바로 써서 말의 위력을 실현하겠습니다. 결코 거짓말을 하지 않겠사오며, 나쁜 말을 하지 않겠사오며, 참된 말만을 하겠습니다. 결코 소극적이며 부정적이며 비관적인 말을 하지 않겠습니다. 진리의 참 모습이 적극적이며 활동적이며 원만하며 영원하기 때문입니다.

변재천녀는 미묘한 말과 음성을 내겠지만, 저희들은 그보다도 참된 말을 하고 부처님의 참된 공덕세계를 믿고 긍정하고 찬양하는 말을 하겠습니다.

공양분(供養分)

널리 공양하겠습니다. 시방세계 일체처에 미진수의 부처님이 계시고 한량없는 보살들이 함께 계심을 깊이 믿사오며 눈앞에 대한 듯 분명한 지견으로 모든 불보살님께 공양하겠습니다. 음식으로 공양하겠습니다. 꽃과 향과 음악과 의복과 의약과 방사와 그 밖의 모든 공양구로 항상 공양하겠습니다.

공양은 이것이 부처님께서 주신 바 무량복덕의 문을 활짝 여는 길임을 믿습니다. 저희들은 간탐심과 애착심으로 인하여 참된 공양을 행하지 못하였고 설사 약간의 공양을 한다 하더라도 이유와 조건을 붙인 공양이었습니다. 그러므로 그 과보는 가난하고 물질생활에서 부자유하며 제한을 많이 받고 있사옵니다. 저희들은 이제 공양을 행하되 마음의 문이 활짝 열리도록 아낌없이 바람없이 지성껏 공양하겠습니다. 정성 바쳐 공양함으로써 애착과 간탐심의 뿌리들을 하나하나 뽑겠습니다.

부처님의 무량복덕이 우리 생명에 흘러오는 것을 가로막고 있는 마음의 장벽들이 모두 다 무너지도록 청정한 마음으로 공양하겠습니다.

부처님께 공양하겠습니다. 부모님과 형제와 모든 이웃에게 공양하겠습니다. 부처님께 공양하듯 차별없이 정성 다 바쳐서 공양하겠습니다. 저희들의 이와 같은 공양은 저희들을 가난하게 만들고 부자유스럽게 만드는 모든 요인을 남김없이 타파하여 우리의 생명위에 부처님의 무량공덕이 시원스러이 물결쳐 흘러 들어오게 함을 믿사옵니다.

법공양에 힘쓰겠습니다. 부처님 말씀대로 수행하는 공양과 중생들을 이롭게 하는 공양과 중생을 섭수하는 공양과 중생의 고를 대신 받는 공양과 선근을 부지런히 닦는 공양과 보살업을 버리지 않는 공양과 보리심을 여의지 않는 공양을 닦겠습니다.

재물을 베풀어 공양하면 복덕의 종자를 심는 것이며 복덕의 문이 열려옵니다. 이것은 중생의 육체생명을 키워주는 소중한 조건이옵니다. 아울러 법공양을 행하면 행하는 자와 공양 받는 자가 다 함께 법신생명이 성장하오며 무량한 법신공덕이 넘쳐오고 그 국토에 찬란한 법성광명이 빛나게 됩니다. 그러므로 법공양을 행하는 공덕이 얼마만한가를 부처님께서도 다 말씀하지 못하십니다.

부처님께서는 무엇보다 법을 존중히 하십니다. 법공양을 행하고 부처님 가르침을 행하면 이 세상에 곧 부처님이 출생하시옵니다. 법(法)이 불(佛)이시며 법은 추상적 이치에 있는 것이 아니고 구체적인 바른 행동에 있기 때문입니다. 그러므로 법공양이 참된 부처님 공양이며 이로써 일체 부처님께 참된 공양을 성취합니다.

법공양을 행함은 일체불보살의 바라시는 바를 실현하는 것입니다. 그러므로 법공양을 행하면 보리의 싹이 자라고, 법공양을 행하면 무량공덕문이 열리며, 법공양을 행하면 중생이 성숙되고, 법공양을 행하면 국토가 맑아지오며, 제불보살이 환희하시옵니다.

"저희들은 이 생명을 법공양으로 빛내겠습니다.

부모님께 공양하겠습니다. 아내와 남편에게 공양하겠습니다. 형제와 이웃과 모든 동포 모든 인류에게 공양하겠습니다. 이 생명 영원하고 청정함과 같이 영원히 법공양을 행하겠습니다."

참회분(懺悔分)

모든 업장을 참회하겠습니다.

기나긴 과거세에서 오늘날에 이르도록 햇빛보다 밝은 참 성품을 어기고 많은 죄업을 지었습니다. 기나긴 과거세에서 금생에 이르는 동안 미혹하고 어리석어 성내고 탐욕 부려 많은 죄를 지었습니다. 몸으로 죄를 지었습니다. 입으로 죄를 지었습니다. 생각에만 있을 뿐, 행이나 말로 나타나지 아니한 죄도 또한 많이 지었습니다. 그 사이에 지은 죄는 아는 것도 있고 모르고 범한 죄도 있사오며, 지은 죄를 잊은 것도 한이 없습니다. 이 모든 죄가 만약 형상이 있다면 허공으로 어찌 용납할 수 있으리까? 이제 불보살님 앞에 머리 조아려 참회하옵니다. 영영 다시는 짓지 않겠사오며 영원토록 청정자성을 행하여 나아가겠습니다.

이제 저의 밝은 자성 드러내어 살피옵건대, 저희들이 지난 동안 지은 바 모든 죄업들은 자성 앞에 가로놓인 한 조각 구름이오며 한 가닥의 안개인 듯 하옵니다. 내 이제 청정한 삼업에 돌아가 모든 불보살님 전에 거듭 지성으로 참회하옵니다. 다시는 악한 업을 짓지 않겠습니다. 영영 청정한 일체공덕 속에 머물러 있겠습니다.

죄업은 이것이 어둠이오며, 참회는 이것을 밝은 자성광명 앞에 드러냄이옵니다. 찬란한 자성광명 앞에 어찌 사라지지 아니할 어둠이 있사오리까. 밝음 앞에 어둠이 사라지듯이 저의 참회 앞에 모든 죄업이 사라짐을 믿사옵니다. 죄업이 사라졌으매 다시 어찌 청정한 자성광명을 가로막을 것이 있사오리까. 참회하였으므로 죄업이 소멸되고 모든 죄업이 소멸되었사오매 저의 생명에는 끝없는 부처님의 자비공덕이 넘쳐 남을 믿사옵니다.

그러므로 저희들은 지성으로 참회하고는 다시는 죄를 생각하지 않겠습니다. 흘러간 구름을 좇지 않겠사오며 지나간 어둠을 마음속에 붙들어 놓지 않겠습니다. 항상 밝은 마음·항상 맑은 마음· 항상 활기찬 마음으로 일체공덕을 실천하겠습니다. 끝없는 청정행을 펴 나아가겠습니다. 그리고 때 없는 맑은 눈으로 일체세계 일체중생을 대하겠습니다. 남이 잘못하는 듯이 보이는 허물은 남의 허물이 아니옵고 저 자신의 허물임을 알겠습니다. 원래로 마음 밖에는 한 물건도 없는 것이오매 어찌 내마음의 허물을 떠나서 다른 사람의 허물이 있사오리까? 밖에 나타나 보이는 허물은 이것이 나 자신의 마음속에 깃든 어두운 그림자의 나타남 임을 알고 다시 참회하는 마음을 새로이 하겠습니다. 고난과 장애를 당하여 결코 불평하거나 원망하지 않겠습니다.

고난이 나타났으므로 업장이 소멸되고 참회하여 소멸되었음을 믿고 기뻐하고 용기를 내겠습니다.

수희분(隨喜分)

남이 짓는 공덕을 기뻐하겠습니다.

모든 부처님께서 처음 발심하실 때로부터 무상지(無上智)를 구하기 위하여 부지런히 복덕을 닦을 새 몸과 목숨을 돌보지 아니하고 무한겁이 다하도록 난행고행을 행하시면서 가지가지 바라밀문(波

羅蜜門)을 닦으신 그 모든 공덕을 기뻐하겠습니다. 가지가지 보살도를 원만히 닦으시고 마침내 무상도를 성취하시며 열반에 드신 뒤에 사리를 분포하시는 그 모든 공덕을 기뻐하겠습니다.

또한 시방일체세계에 있는 사생(四生) 육취(六趣) 모든 종류 중생들이 짓는 한 털끝만한 공덕이라도 존중하며 함께 기뻐하겠습니다. 시방세계 모든 보살들과 모든 성자들과 모든 스님들이 닦으시는 온갖 공덕을 다 함께 기뻐하겠습니다.

일체중생 어떤 종류의 중생이 짓는 공덕이라도 극진히 존경하겠사옵거든 하물며 보살들이 닦으시는 행하기 어려운 여러 수행이리까. 가지가지 난행고행으로 무상도를 이루시며, 모든 중생에게 가르치시고, 또한 우리에게 올바른 행의 표본이 되시며, 깊은 가르침을 주시고 나아가 불국토를 성취하시는 그 모든 높은 공덕을 남김없이 찬양하고 기뻐하겠습니다.

세상에서 나쁜 사람이라고 낙인찍힌 사람일지라도 그가 행하는 착한 공덕이 또한 한이 없음을 믿고 그가 행한 털끝만한 공덕이라도 진심으로 기뻐하겠습니다.

나를 해치려 하고 모함하고 욕하고 억울한 누명을 씌우거나 또는 때리고 손해를 끼친 사람이라 하더라도 그가 지닌 공덕을 찬탄하고 그가 짓는 공덕을 함께 기뻐하겠습니다.

모든 불보살과 일체중생과 저희들은 원래가 한 몸이옵기 그중에 어느 하나가 지은 공덕은 바로 그것이 저 자신의 기쁨이 아닐 수 없습니다. 함께 기뻐함으로써, 넓고 큰 기쁨이 너울 치는 큰 생명을 가꾸어 가겠습니다.

남이 짓는 공덕을 함께 기뻐하올 때 남과 나는 둘이 아님을 확인하옵니다. 이 세간 누구와도 대립된 자 없고 불화할 사람 없사오니 이 천지 누구와도 화합하고 화목하게 지내며 존중하겠습니다.

화합하지 아니함은 대립한 것이요, 두 쪽이 된 것이며 은혜를 주신 수많은 불보살님과 담을 쌓고 척을 짓는 것이 되옵니다. 설사 부처님께 공양하고 부처님을 받들어 섬기며 경전을 외운다 하더라도 만약 부모님이나 부부나 형제나 이웃이나 그밖에 벗들과 화목하지 못한다면 부처님께 공양은 성취되지 못하옵니다. 부모님과 형제와 모든 이웃과 한마음이 되고, 존경하고 아끼고 함께 기뻐하올 때 불보살님께 공양이 성취됨을 믿사옵니다.

부처님은 일체를 초월한 불이(不二)로 계시오며, 일체중생을 하나로 하신 곳에 계시옵니다. 일체와 화합하고 일체와 둘이 아님을 쓰는데서 저희들은 부처님의 은혜를 받을 수 있는 것이며 그 기쁨을 누릴 수 있사옵니다. 남이 짓는 공덕을 기뻐한다는 것은 진정 그와 더불어 마음을 함께 함이옵니다. 저희들은 남이 짓는 공덕을 함께 기뻐함으로써 거기에서 부처님이 주시는 자비하신 은혜를 받을 마음바탕을 이루게 됨을 믿사옵니다.

이와 같이 한마음이시며 큰 은혜를 베푸시는 부처님께 감사하겠습니다. 부모님과 형제에게 감사하겠습니다. 감사는 바로 화목이며 둘이 아님을 이루는 것이오매 저희들은 일체중생에 감사하겠습니다. 한 몸이 생각없이 한 몸의 완전을 도모하듯이, 둘이 아닌 경지에서는 결코 서로에 해침이 없사옵니다. 일체중생에 감사하여 둘이 아니며, 그의 승리·그의 성공·그의 공덕을 찬양하고 기뻐할 때, 그 모두는 나와 더불어 한 몸이거니 어느 무엇이 나를 해칠 자 있으오리까. 일체중생과 둘이 아닌 이 몸을 이루게 하는, '감사'와 '함께 기뻐하는' 이 심묘(深妙)한 법을 저희들은 생명껏 노래하고 받들어 행하겠습니다.

청법분(請法分)

설법하여 주시기를 청하겠습니다.

일체세계 처처에 한량없는 부처님이 계시니 제가 그 모든 부처님께 몸과 말과 뜻을 기울여 여러 가지 방편을 지어서 설법하여 주시기를 권청하겠습니다. 아무리 많은 세간적 영화가 가득찼다 하더라도 그것은 모두가 잠깐이기에 번개나 아침이슬과도 같은 것이라! 믿고 의지할 바 못되지만 부처님 법은 이것이 영겁의 보배이며 영원한 생명수(生命水)입니다. 부처님 법으로 중생은 대해탈을 성취하며 이 세계는 불국토로 바뀝니다. 이 법이 머무르는 곳에 태양이 있는 것이고, 이 법이 숨었을 때 영겁에 어둠이 있다고 하옵니다. 진정 부처님 법은 진리의 태양이십니다. 오래오래 이 땅에 머물러서 영원토록 중생들을 이롭게 하여 주시기를 간절히 바라옵니다.

부처님 법은 원래로 있는 것이매, 쇠(衰)하거나 성(盛)할 것도 없사옵니다. 부처님이 나타나시어서 다시 더 한 법이라도 가히 보탤

것도 없는 것이오나 그러나 미혹한 중생들에게는 부처님의 말씀이 아닌들 어찌 영원한 감로의 법을 알 수 있사오리까. 부처님의 설법을 통해서 비로소 저희 앞에 불법이 나타날 수 있사옵니다. 불법이 있으므로 해서 중생의 희망도 국토의 평화도 마침내 이룰 수 있사옵니다. 참되게 살고 싶어도 거짓과 다툼과 고통의 수레바퀴를 벗어나지 못하는 것은 중생들이 불법을 모르는 데서 오는 것이오니, 진실로 설법은 중생과 세계를 붙들어 나아갈 가장 근원적인 지혜며 힘이시옵니다.

모든 부처님께 설법하여 주시기를 청하겠습니다. 모든 대보살께 설법하여 주시기를 청하겠습니다. 모든 선지식들과 모든 스님들께 설법하여 주시기를 청하겠습니다. 설사 잠시 동안 스님을 만나거나 잠깐 동안 삼보도량에 머물렀거나 한 장의 경전을 읽은 사람에게까지라도 설법하여 주시기를 청하겠습니다. 저의 몸과 저의 말과 저의 뜻을 다 바쳐서 설법을 청하겠습니다. 이 땅 위에 평화가 영원하도록 모든 중생이 환희하도록 이들 모두를 가꾸고 키워주시는 감로의 법우(法雨)가 끊임없이 포근히 내려지도록 지극정성 기울여서 권청하겠습니다.

이 땅이 아무리 스산하고 이 땅이 아무리 캄캄하고 이 땅이 아무리 폭풍우가 몰아쳐도 필경 이 모든 불행과 악과 재난을 쓸어버리는 것은 오직 부처님의 법문뿐이오니, 대법문의 수레가 멈추지 않고 구르는 한 찬란한 아침 해는 밝아 오는 것이며 구름을 몰아내는 한 가닥 바람은 거기에 있사옵니다.

이 땅 위에 설법이 행하여지는 데는 선지식이 계시고 설법할 법당과 법을 설할 모임이 있어야 하옵니다. 부처님에게 죽림정사(竹林精舍)와 기수급고독원(祇樹給孤獨園)이 있었듯이 청법하올 대중과 설법하올 처소가 있어야 하옵니다. 서로가 화합하고 환희하며 서로가 힘을 합하여 법륜 굴리기에 힘쓴다면 설법은 더욱 더 우뢰같이 울려 퍼져서 우리 사회 구석구석에 감로법우(甘露法雨)가 넘쳐 납니다. 그러하옵기에 저희들은 법륜이 영원토록 구르게 하기 위하여 정성 다 바쳐서 설법환경을 가꾸겠습니다.

이 땅에 선지식이 나타나시어 법을 설하시는데 이를 비방하거나 모임에 불참하거나 허튼말을 돌려서 불목하게 한다면 이것은 법륜이 구르는 것을 방해하는 것이오니 어찌 털끝만이라도 감히 그런 짓을 하오리까. 저희들은 맹세코 선지식께 설법하여 주시기를 청하겠사오며, 항상 법을 배우는 거룩한 무리들과 그 모임을 환희 찬탄하겠사오며, 법회가 열리는 곳이 비록 먼 곳이라 하더라도 가장 귀한 보물을 찾아가는 마음으로 찾아가 청법하겠사오며 선지식과 그 모임의 거룩하온 이름을 널리 드날리겠습니다.

청주분(請住分)

모든 부처님께 이 세상에 오래 계시기를 청하겠습니다. 모든 보살들과 성문 연각 유학 무학 일체 선지식에게 열반에 드시지 말고 영원토록 이 세상에 머무시면서 중생들을 이롭게 하여 주시도록 권

청하겠습니다.

부처님은 법계의 태양이시며 선지식은 일체중생을 돕고 성숙시킬 마지막 의지처이십니다. 이 모든 성스러운 스승님께서는 항상 밝고 맑은 청정법을 흘러내시어 중생을 키워주시고 세계를 윤택하게 하여 주시옵니다. 저희들은 이들 모든 부처님과 모든 선지식을 물 건너는 사람의 부낭(浮囊)과 같이 생각하고 존중하고 의지하며, 세간의 안목으로 받들고 섬기겠습니다.

생명의 물줄기는 이들 성스러운 선지식을 통해서 흘러나옵니다. 이 땅 위에 감로수가 끊이지 아니하도록·복전이 영원하도록·지혜의 태양이 영원히 빛나도록·중생이 의지할 두려움이 없는 힘이 영원하시도록, 저희들은 기원드리겠사오며 모든 선지식에게 열반에 드시지 말고 영겁토록 머물러 주시기를 지심 간청하겠습니다.

선지식께서는 우리를 가르치시며 우리와 함께 일하시며 우리를 보호하여 주십니다. 우리의 선지식께서는 불조(佛祖)의 정지견(正知見)을 갖추셨으며 마음에 상이 없으시고 항상 청정범행을 찬탄하시옵니다. 설사 저희들이 친근코자 하여도 교만하지 않으시고 저희들이 멀리하여도 원한이 없으시옵니다. 저희들은 이 모든 선지식에게 목숨 다 바쳐 공양하고 섬기겠습니다. 선지식이 이 땅에 머무시올 때 이 땅에는 안목이 있는 것이며 선지식이 이 땅을 떠났을 때 이 땅은 지혜의 눈을 잃으옵니다. 선지식이 아니 계시올 때 중생들은 무엇을 인하여 기나긴 미망의 밤을 헤어날 수 있사오리까.

오늘 저희들은 거룩하온 선지식들을 모시고 있사옵니다. 맹세코 이들 모든 선지식을 공양하고 섬기오면서 그 가르침을 받들어 행하고 일체불찰 극미진수겁(極微塵數劫)토록 이 세상에 머물러 주시기를 간청하겠습니다.

일찍이 유덕왕(有德王)이 각덕(覺德)비구를 보호하고자 하여 스스로의 신명을 바침으로서 아촉불국(阿閦佛國) 제일의 성문이 되었고 마침내 그 호법공덕으로 정각을 이루심과 같이 저희 또한 일체의 선지식을 받들고 섬기어 거룩한 법이 이 땅에 영원히 머물도록 힘쓰겠습니다.

수학분(隨學分)

항상 부처님을 따라 배우겠습니다.

부처님의 견고하신 발심과 불퇴전(不退轉)의 정진을 배우겠습니다. 지위나 재산이나 명예나 내지 목숨까지도 보시하신 것을 따라 배우겠습니다. 헤아릴 수 없는 난행고행을 닦으시고 보리수하에서 대보리를 이루시고 가지가지 신통변화를 일으키시던 일을 따라 배우겠습니다. 어떤 때는 부처님 몸을 나투시고 어떤 때는 보살 몸을 나투시고 혹은 성문 연각의 몸을 나투시고 성왕이나 학자나 정치가나 사업가나 혹은 무명의 거사신(居士身)을 나투시기도 하며 혹은 천룡팔부등 신중(神衆)의 몸을 나투시어 중생들이 모인 곳에 이르러 저들을 성숙시키던 일들을 다 따라 배우겠습니다.

부처님의 음성은 원만하시고 중생의 근기 따라 알아듣게 하시며 저들의 마음을 열어 번뇌를 쳐 없애고 지혜와 환희가 넘쳐나게 하시며 마침내 저들의 기뻐함을 따라서 수행을 성취케하시니, 저희들은 그 모두를 따라 배우겠습니다. 부처님께서 열반을 보이심은 중생의 방만(放慢)을 여의게 하고자 하심이시니 짐짓 열반상을 보이시나 실로는 멸도함이 없사옵니다. 영원토록 중생들을 깨우치고 키워주시고자 온갖 방편 베푸시며 잠시의 쉼도 없으시는 그 모두를 따라 배우겠습니다.

부처님께서 발심하고 정진하고 고행하시고 대각을 이루시고 교화하시는 그 사이에 베푸신 칭량 못할 무량법문은 모두가 중생들이 닦아 가야할 표준을 보이심이십니다.

청정한 자성을 구김 없이 온전히 드러내는 과정과 방법을 보이심이오니 저희들은 이 모두를 따라 배워서 본래의 함이 없는 땅에 이르겠습니다. 누구나 중생 몸에서부터 시작하여 번뇌의 몸 업보의 몸 그 모두를 벗어나고 청정한 본법신(本法身)을 이루고자 할진대, 부처님이 행하신 바 그 모두는, 마땅히 배우고 의지하고 닦아 이룰 위 없는 대도이며 묘법임을 깊이 믿고 지성 다해 받들어 배우겠습니다.

수순분(隨順分)

항상 중생을 수순하겠습니다.

진법계 허공계 시방세계에 있는 모든중생을 수순하겠습니다. 태로 낳든 알로 낳든 출생의 차별 없이 수순하겠습니다. 땅에 살든 물에 살든 하늘에 살든 풀섶에 살든 마을에 살든 궁전에 살든, 그 모든 중생을 수순하겠습니다. 몸의 형상이 어떻게 생겼더라도 차별하지 아니하고, 그의 수명이 길든 짧든 나이가 많든 적든 차별하지 아니하고 수순하겠습니다. 종족이나 그가 속한 계급을 보지 않고 수순하겠사오며, 그의 심성이 간악하든 질투하든 넓든 좁든 선하든 악하든, 모두를 수순하겠습니다. 지혜 있든 지혜가 없든, 어떠한 행동을 하든, 거동과 형색이 아무리 괴이하더라도 다 한결같이 수순하겠습니다. 형상이 있든 없든·생각이 있든 없든·빛깔이 있든 없든, 모든 중생들을 다 수순하겠습니다.

부모와 같이 공경하며 스승이나 아라한이나 내지 부처님과 조금도 다름없이 받들어 섬기겠습니다.

병자에게는 어진 의원이 되고 길 잃은 자에게는 바른길을 가리키고 어두운 밤중에는 광명이 되고 가난한 이에게는 보배를 얻게 하면서 일체중생을 평등하게 받들고 그의 이익을 도모하겠습니다.

중생을 수순함은 모든 부처님을 수순함이 되며 중생을 존중히 받들어 섬기면 여래를 존중히 받들어 섬김이 되며 중생으로 하여금 환희심이 나게 하면 여래로 하여금 환희하시게 함이오니 저희들은 모든 중생에게 부처님을 대하듯 공경하고 받들어 섬기겠습니다.

부처님을 큰 나무에 비유하오면 중생은 나무의 뿌리요 보살은 꽃과 과실이시옵니다. 만약 나무뿌리에 물을 주면 어찌 지혜의 꽃과 과실이 무성하지 않겠사오며 여래이신 나무가 환희로 장엄하지 않으오리까. 부처님께서는 중생으로 인하여 대비심을 일으시키시고 대비심으로 인하여 보리심을 발하시며 보리심으로 인하여 정각을 이루신다 하시니 중생을 공경하고 받들어 섬김이 이 어찌 부처님을 받들어 섬김이 아니오리까.

중생이 없을 때 일체보살이 성불하지 못한다 하셨사옵니다.

저희들은 모든 중생을 받들어 섬기겠습니다. 원수거나 친한 이나 차별없이 받들어 섬기겠습니다. 그러하옵거늘 어찌 부모님이나 아내나 남편이나 형제와 이웃을 받들어 섬기지 아니하오리까. 이분들을 수순하고 받들어 섬기올 때 보살의 나무는 무성하고 보리의 화과(華果)가 성취되오며 저희들의 생활마당에 크나큰 공덕의 물결이 넘쳐오는 것을 믿사옵니다.

이와 같이 수순을 배워올 때 어찌 이 세상에 불화하고 불목하고 대립할 중생이 있사오리까. 저 모든 중생들은 부처님이 마땅히 거두시는 바며 내가 마땅히 회복하여야 할 자기생명의 내용입니다. 저들을 수순하고 받들어 섬김은 곧 참된 자기의 성장이며 원만성을 한 층 성취하는 것이 되옵니다. 중생이 중생이 아니요 내 자성의 중생이오니 저들을 받들고 수순하며 공양하면 이것이 자기제도며 중생제도며 제불공양을 함께 하는 법공양이 아니오리까. 중생은 자성분별이요 수순은 자성청정의 실현이오니, 이것이 보살의 최상행임을 믿사옵니다. 중생들을 성숙하고 참된 이익을 주기 위하여 저희들은 부지런히 지혜를 닦겠사오며 다시 서원과 방편을 깊이 닦아서 항상 모든 중생을 수순하겠습니다.

회향분(回向分)

지은 바 모든 공덕을 널리 중생에게 회향하겠습니다.

부처님께 예배하고 공경하며 모든 부처님을 찬양하며 내지 모든 중생을 수순한 것까지의 모든 공덕을 진법계 허공계 일체중생에게 남김없이 회향하겠습니다.

"바라옵건대 모든 중생이 항상 안락하여지이다. 일체 병고는 영영 소멸하여지이다.

악한 일을 하고자 하면 하나도 됨이 없고 착한 일을 하고자 하면 다 성취하여지이다. 저들이 나아가는 곳에 일체 악취의 문은 모두 닫히고 인간에나 천상에나 열반에 이르는 바른 길은 활짝 열려 있어지이다. 저 모든 중생들이 무시겁래 지어 쌓은 악업으로 인하여 한량없는 고초를 받게 되옵거든 제가 다 대신 받겠사옵니다. 바라옵나니 저 모든 중생이 모두 해탈하여 무상보리를 성취하여지이다.

제가 지은 공덕은 일체중생의 공덕이 되어 저들의 미혹한 마음이 활짝 밝아지오며 불보살이 이루신바 모든 공덕을 수용하고 불국토의 청정광명을 영겁토록 누려이지다.

옛 불보살이 이러하셨으며 오늘의 불보살이 이러하시오매 저희들의 회향도 또한 이러하옵니다."

3

보현도량 반야문

般若門

1. 육조대사 『법보단경』 「반야품」

1) 선설(宣說)

선지식아, 보리반야(菩提般若)의 지혜는 세간 사람이 다 본래부터 스스로 가지고 있는 것인데 다만 마음이 미혹하여 스스로 깨닫지 못할 따름이니, 모름지기 큰 선지식의 가르침과 인도함을 빌어서 견성(見性)하여야 하느니라. 마땅히 알라. 어리석은 자와 지혜 있는 사람의 불성에는 본래로 차별이 없는 것이요, 다만 미혹함과 깨친 것이 다를 뿐이라. 이 까닭에 어리석음도 있고 슬기로움도 있는 것이니라.

내 이제 마하반야바라밀다 법을 설하여 너희들로 하여금 각기 지혜를 얻게 하리니 지극한 마음으로 자세히 들어라. 너희들을 위하여 설하리라.

선지식아, 세상 사람이 입으로는 종일 반야를 외우나 자성반야(自性般若)를 알지 못하니 마치 말로만 음식 이야기를 아무리 하여도 배부를 수 없는 것과 같아서 다만 입으로만 공(空)을 말한다면 만겁을 지내더라도 견성하지 못하리니 마침내 아무 이익이 없느니라.

2) 자의(字意)

선지식아, '마하반야바라밀다'라는 말은 이것이 범어(梵語)이니 여기 말로는 큰 지혜로 피안(彼岸)에 이르렀다는 말이니라. 이는 모름지기 마음에서 행하는 것이요, 입으로 외우는 데 있는 것이 아니니, 입으로 외우더라도 마음에서 행하지 않는다면 꼭두각시와 같고, 허깨비와도 같으며, 이슬과 같고 번개와도 같아서 실이 없으나 입으로 외우고 마음으로 행한다면 곧 마음과 입이 서로 응할 것이니라. 본 성품, 이것이 불(佛)이니라. 성품을 떠나서는 따로 부처가 없느니라.

(1) 마하(摩訶)

다음에 어떤 것을 마하(摩訶)라고 하는가? '마하'는 크다는 말이니 심량(心量)이 광대하여 마치 허공과도 같아서 가이 없으며, 또한 모나거나 둥글거나 크고 작은 것이 없으며 청·황·적·백 등 빛깔도 아니며, 위나 아래도 없으며 길고 짧음도 없으며 성날 것도 기쁠 것도 옳은 것도 그른 것도 없으며 착한 것도 악한 것도 없으며 머리도 꼬리도 없으니 제불의 국토도 또한 이와 같이 다 허공과 같으니라. 세간 사람의 묘한 성품도 본래 공하여 가이 한 법도 얻을 수 없으니 자성이 참으로 공함이 또한 다시 이와 같으니라.

선지식아, 내가 지금 공(空)을 설하는 것을 듣고 공에 집착하지 않도록 하라. 무엇보다 첫째로 공을 집착하지 말아야 하느니라. 만약 마음을 비워 고요히 앉는다면 곧 무기공(無記空)에 떨어지리라.

선지식아, 허공이 능히 만물과 색상(色像)을 갈무리하고 있어 일월성숙(日月星宿)과 산하대지(山河大地)와 샘이나 물골이나 또한 개울이나 초목총림(草木叢林)과 악인·선인·악법·선법·천당·지옥이며 일체 대해와 수미(須彌) 등 제산(諸山)이 모두 허공 가운데 있는 것과 같이 세인의 성품이 공한 것도 또한 이와 같으니라.

선지식아, 자성(自性)이 능히 만법(萬法)을 머금고 있는 것, 이것이 큰 것이니, 곧 만법이 모든 사람의 성품 중에 있느니라. 만약 모든 사람이 하는 일에 선이나 악을 볼 때 모두들 취하지도 않고 버리지도 않으며 또한 물들거나 집착하지도 아니하여 마음이 마치 저 허공과 같은 것을 이름하여 크다 하는 것이니 이 까닭에 '마하' 라고 하느니라.

선지식아, 미혹한 사람은 입으로만 말하고 지혜 있는 사람은 마음으로 행하느니라. 또한 미혹한 사람이 있어 마음을 비우고 고요히 앉아 아무런 생각도 하지 않는 것을 가리켜 스스로 큰 것이라고 일컫는다면 이러한 무리와는 더불어 말조차 하지 말라. 지견(知見)이 삿되기 때문이니라.

(2) 반야(般若)

선지식아, 심량이 광대하여 법계에 두루하니 작용을 하면 요요분명하여 응용함에 곧 일체를 알며 일체가 곧 하나요 하나가 곧 일체여서 거래에 자유로워 심체가 막힘이 없는 것, 이것이 반야니라.

선지식아, 일체의 반야지(般若智)는 모두가 자성(自性)에서 나〔生〕는 것이요, 밖에서 들어오는 것이 아니니, 그릇 생각하지 않는 것을 참성품을 스스로 쓴다 하는 것이니라. 하나가 참됨에 일체가 참되느니라. 마음은 큰일[大事]을 헤아리고 작은 도행(道行)도 행하지 않으며 입으로는 종일 공을 말하면서 마음에 이 행을 닦지 않는 이런 일을 하지 말지니라. 이는 흡사 범인(凡人)이 국왕을 자칭하는 것과 같아서 아무 소용없나니 이런 자는 나의 제자가 아니니라.

선지식아, 무엇을 '반야' 라고 할 것인가, 반야라 함은 여기말로 지혜(智慧)라. 일체처 일체시에 생각생각 어리석지 아니하여 항상 지혜를 행하는 것이 곧 반야행이니라. 한 생각 어리석으면 곧 반야가 끊어짐이요, 한 생각 슬기로우면 곧 반야가 나는 것이니라. 세상 사람들이 어리석고 미혹하여 반야는 보지 못하면서 입으로만 반야를 말하며, 마음속은 항상 어리석으면서 늘 말하기는 내가 반야를 닦는다고 하며 생각생각마다 공을 말하나 진공(眞空)은 알지 못하느니라. 반야는 형상이 없는 것이라, 지혜심이 바로 이것이니, 만약 이와 같이 알면 곧 반야지라 할 것이니라.

(3) 바라밀다(波羅蜜多)

'바라밀다' 란 무엇일까? 이는 서쪽나라 말이니 여기 말로는 피안(彼岸)에 이르렀다는 말이라, 즉 생멸을 여의었다는 뜻이니라. 경계를 집착하면 생멸이 나[生]나니 이는 물에 물결이 이는 것과 같아서 이것이 곧 이 언덕이요, 경계를 여의면 생멸이 없나니 이는 물이 항상 자유로이 통해 흐르는 것과 같아서 이것이 곧 피안이 됨이라. 그러므로 바라밀다라 하느니라.

3) 마하반야바라밀다 공용(功用)

선지식아, 미혹한 사람은 입으로만 외우므로 외우고 있을 때에는 망(妄)도 있고 비(非)도 있지만 만약 생각 생각마다 행하면 이것이 곧 진성(眞性)이니라. 이 법을 깨달으면 이것이 반야법이요, 이 행을 닦으면 이것이 반야행이니라. 닦지 않으면 즉 범부요 일념으로 수행하면 자신이 불(佛)과 같으니라.

선지식아, 범부가 곧 불이요 번뇌가 곧 보리(菩提)니 전념(前念)이 미혹하면 즉 범부요 후념(後念)이 깨달으면 즉 불이라. 전념이 경계에 집착하면 번뇌가 되고 후념이 경계를 여의면 즉시 보리니라.

선지식아, 마하반야바라밀다가 가장 높고 가장 위며 가장 으뜸이니, 현재도 없고 과거도 없으며 또한 미래도 없으니 삼세제불이 이 가운데서 나오느니라. 마땅히 대지혜를 써서 오온(五蘊) 번뇌 망상을 타파하라. 이와 같이 수행하면 결정코 불도를 이루리니 삼독(三毒)이 변하여 계(戒)·정(定)·혜(慧)가 되느니라.

선지식아, 나의 이 법문은 한 반야로부터 팔만사천의 지혜를 내느니라. 무슨 까닭이랴? 세간 사람이 팔만사천의 번뇌가 있기 때문이니 만약 번뇌가 없으면 지혜가 항상 드러나 자성을 여의지 않느니라.

이 법을 깨달은 자는 곧 생각도 없고 기억도 없고 집착도 없어서 거짓과 망령을 일으키지 아니하고 스스로의 진여성(眞如性)을 써서 지혜로 일체 법을 관조하여 취하지도 아니하고 버리지도 않나니,

이것이 곧 견성이요 불도를 이룸이니라.

선지식아, 만약에 깊은 법계와 반야삼매에 들고자 하면 모름지기 반야행을 닦고 『금강반야경』을 지송하라. 곧 견성하리라. 마땅히 알라. 이 공덕이 무량무변함을 경 가운데서 분명히 찬탄하셨으니 이를 다 말할 수 없느니라.

이 법문은 이것이 최상승(最上乘)이라, 큰 지혜 있는 사람을 위하여 설한 것이며, 상근인(上根人)을 위하여 설한 것이니라. 그러므로 지혜가 적고 근기(根機)가 얕은 자는 이 법문을 들어도 마음에서 믿음이 나지 않느니라.

선지식아, 근기가 낮은 사람이 이 돈교법문(頓敎法門)을 들으면 마치 뿌리가 약한 초목이 큰 비를 맞으면 모두 다 쓰러져 자라지 못하는 것처럼 근기가 낮은 사람도 또한 이와 같으니라. 원래 반야지혜를 갖추고 있기는 큰 지혜 있는 사람과 조금도 차별이 없거니, 어찌하여 법문을 듣고 스스로 개오하지 못할까? 이는 사견과 중한 업장과 번뇌의 뿌리가 깊기 때문이니 마치 큰 구름이 해를 가리었을 때 바람이 불지 않으면 햇빛이 드러나지 않는 것과 같으니라. 반야의 지혜는 크고 작은 것이 없으니 일체중생의 마음이 미(迷)와 오(悟)가 같지 않기 때문에 마음이 미혹하여 밖을 보고 수행하며 불을 찾으므로 자성은 보지 못하니 이것은 근기가 낮은 것이니라. 만약 돈교를 깨달아서 밖을 향하여 닦는 것을 국집하지 아니하고, 다만 자기 마음에서 정견(正見)을 일으켜서 항상 번뇌의 티끌에 물들지 않는다면 이것이 곧 견성이라.

선지식아, 안과 밖에 머물지 아니하고 가고 옴이 자유로워 능히 집착심을 버리면 일체에 통달하여 걸림이 없으리니 능히 이 행을 닦으면 『반야경』과 더불어 본래로 차별이 없으리라.

2. 소천선사의 경제(經題) 풀이

마하(摩訶)는 인도말로 '넓고 크다〔廣大〕'의 뜻이다.

이것은 형용하여 말할 수 없는 넓고 큰 것이니 말하자면 크고 적고, 넓고 좁고를 떠나 일체 사량분별이 없을 때에 그 마음이 곧 '마하'인 것이다.

반야(般若)는 지혜(智慧)라는 말이니 세간지혜(世間智慧)같이 자신의 이해를 사량측정하는 좁은 지혜가 아니요 자아가 없는 데서 일체 세간암흑을 깨뜨리는 지혜이며, 일체 인류의 사견·사욕을 물리치는 지혜이며, 일체 중생의 탐진치를 조복받는 지혜이며, 일체 허망한 변멸법(變滅法)을 폭로시키는 지혜이니, 이 지혜는 한없고·끝없고·상(相) 없고·말없는 지혜(智慧)인 그것으로 곧 진리의 용(用)인 명사(名詞)인 것이다.

바라밀(波羅蜜)은 도피안(到彼岸)의 뜻이니 완성(完成)이란 말과 같다.

말하자면,

참선자(參禪者)에게는 성불(成佛)이 도피안(到彼岸)일 것이요,

염불자(念佛者)에게는 왕생정토(往生淨土)가 도피안일 것이요,

포교자(布敎者)에게는 전법도생(傳法度生)이 도피안일 것이요,

애국자(愛國者)에게는 구국화족(救國化族)이 도피안일 것이요,

정치가(政治家)에게는 안민치국(安民治國)이 도피안일 것이요,

발명가(發明家)에게는 발명완성(發明完成)이 도피안일 것이니,

이루 다 열거할 수조차 없다.

위의 것을 붙여서 말하면 광대한 마음을 내어서 본연천심(本然天心)의 명랑한 슬기를 사용함으로써 도로 본연천심인 저 언덕에 도달한 것이다.

3. 한마음 헌장(憲章)

光德 撰

부처님은 말씀하신다.

모든 부처님은

오직 一大事因緣으로

世間에 나셨으니

중생으로 하여금

佛知見을 열어 淸淨을 얻게 하기 위함이라.

佛知見을 보이고

佛知見을 깨닫게 하고

佛知見에 들게 함이니

一切如來의

無量無數한 敎化方便도

중생으로 하여금 오직 이 佛知見을 보여

佛知見을 깨쳐서 佛知見에 들게 할 뿐이니라.

또 말씀하신다.

過去 現在 未來의 모든 眞理具現者는

청정 깨친 마음

두렷이〔圓〕 비춰

一切不幸 부수고

大覺者 되신다.

또 말씀하신다.

過去 現在 未來 모든 부처님이

그 마음

청정하심 따라

佛國土 이루신다.

또 말씀하신다.

가히 돌려보낼 수 있는 모든 것은

네가 아니라 하겠거니와

돌려보낼 수 없는 것은

이것이 네가 아니고 또 무엇이랴.

또 말씀하신다.

萬物이며

宇宙며

虛空 속 建立이라.

虛空이 한마음〔大覺〕에서 남이여

바다에서
한 개의 물거품 일음〔發生〕인저.

또 말씀하신다.
一切 有爲法은
꿈이며 幻이며 물거품이며 그림자며
잠깐이기 이슬이고 번개이니
마땅히 이러히 여길지니라.

또 말씀하신다.
나는 一切智者 一切見者
知道者며 開道者며 說道者니
未度者에는 度를
未解者에는 解를
未安者에는 安을
未涅槃者에는 涅槃을 얻게 하느니라.

또 말씀하신다.
마땅히 청정한 마음을 낼지니
色에 머물러 마음을 내지 말고
聲 · 香 · 味 · 觸 · 法에 머물러 마음을 내지 말고
마땅히 머문 바 없이 마음을 낼지니라.

또 말씀하신다.

觀世音菩薩은

般若波羅蜜多로

一切 物質界

一切 精神界에서

걸림이 없고

一切苦厄에서

解脫하였느니라.

또 말씀하신다.

三世 모든 佛菩薩들은

般若波羅蜜多로

一切에

걸림 없고

恐怖 없고

智慧 이루며

마침내 成佛하니

이 般若波羅蜜多는

大神呪며

大明呪며

無上呪며

無等等呪라

능히 一切苦를 없애느니라.

또 말씀하신다.

무릇 있는바 모든 現象

그 모두는 實없는 것

만약 모든 相에 相 없으면

곧 如來를 보리라.

또 말씀하신다.

나는 聖中에 다시 聖

一切世間의 아버지

이 三界는

모두가 나의 所有

그 가운데 중생

모두가 나의 子息

나 한 사람만이

능히 이들을 救護한다.

또 말씀하신다.

나는 실로

成佛 以來 無量百千萬億 劫─

그로부터 항상

이 사바세계에서
설법교화 衆生을 引導하고
壽命은
無量阿僧祇 劫—
常住不滅
衆生들을 위하여
方便으로 涅槃을 보이나
실로는 滅하지 않고
언제나 法을 說한다.

마음 마음 마음
한마음.

한마음은
마음이 아니다
觀念이 아니다
생각이 아니다
하나이거나 둘이거나 數가 아니다
有도 아니며 無도 아니며
有無 超越의 有이거나 無도 아니다
一切超絶의 眞無도 아니다
現在도 아니며 過去도 아니며

未來도 아니다.

時間이거나 空間이거나

時空의 範疇에 잡히는 것이 아니다

形相, 比喩, 言說, 무엇으로도 말할 수 없고 생각으로 忖度할 수

도 없다

認識은 時間 空間의 認識範疇에서 形成되는 것

한마음은 時間 空間의 範疇 밖의 것이므로

認識形式으로 잡을 수 없다.

直觀과 思惟는 念의 論理的 展開의 形式

한마음은 念이 아니므로 念의 單純

또는 複合的 返覆으로나

論理 非論理의 展開로 어름대지 못하니

그는 思惟나 直觀으로 이를 수 없다

나도 아니고 너도 아니고

저들도 아니고 모두도 아니다.

그는 物質이 아니다

얻을 수도 없고 잃을 수도 없다

無常도 아니다

無我도 아니다

苦도 空도 不淨도 아니다

法則도 아니다

生도 아니고 滅도 아니다
잡을 수도 없고 버릴 수도 없고
對할 수도 없고 떠날 수도 없다
죽는 者가 아니다
숨은 者가 아니다.

한마음은 한마음이다
한마음일 뿐이다
한마음만이 있다
있는 것은 한마음이다.

永遠과 自在와 光明과 創造와 無限과 歡喜가
大海의 波濤처럼
끝없이 너울치고 力動한다.

아침 해
바다를 솟아 오른 燦爛,
億劫의 暗黑이 刹那에 무너지고
光明燦爛
光明燦爛
光明만이 눈부시게 부서지는 光明만의 世界
이것이 한마음이다

모든 것이 完全하게

모든 것이 圓滿하게

모든 것이 調和있게

이미

이루어졌고 具足하다

大成就가 自足하다

大成就 圓滿具足

이것이 한마음이다.

한마음이

스스로를 認定하는 대로

大成就 圓滿自足性은 認定하는 만큼 限定되고

限定은

한마음 無限性의 具象的 表動을 觸發한다

이것이 創造다

이것이 成就다

한마음의 自己律動은

大海의 波濤처럼

無限히 自己를 實現하고

表現하고

刹那의 쉼 없이 創造는 펼쳐진다

이래서
成就 成就
歡喜 歡喜가
한마음의 모습이다
한마음의 表情이다.

오직 한마음만이 있다
다른 者는 없다
있는 것도 바로 그다
없는 것도 바로 그다
그는 모두의 모두
오직 그가 있을 뿐이다
그가 뜻하는 것이 있는 것이다
그가 뜻하는 것이 없는 것이다
그가 가는 곳이 길이다
그가 서는 곳이 宇宙의 中心이다
밝음은 그에게서 비롯한다
그가 마음 두는 곳에 完全은 開化하고
뜻하는 것은 이루어진다.

하늘이 덮지 못하고
땅이 싣지 못하고

하늘도 땅도 바다도
그의 一動目 따라 움직이니
一切 權威란 그에게 由因하고
無碍勇力은 그의 脈拍이다
무엇으로도 그를 막지 못한다
아무도 그에 이길 者 없다
아무도 그에 對할 者 없다.

그는
永遠의 勝者
無限의 勇者
無上의 權威者
그 앞에
사람 없다
힘없다
權威 없다
怯弱 挫折 失意 絕望이라는 말은 없다.

自信 自信
海溢처럼
瀑布처럼
火山처럼

넘치고 부어대며 폭발하고 솟구치는
勇力과 自信
떨치는 威神
이것이 한마음이다.

그는
宇宙에 앞서 있고
時間에 앞서 있고
空間에 앞서 있고
有無에 앞서 있고
全一에 앞서 있고
神과 佛과 眞理에 앞서 있다
아무도 그에 先在하는 者 없다
그는 劫前劫後의 決定者
그에게는
差別도 色彩도 音響도 對立도 淨穢도
美醜·强弱·大小·高低·遠近도
그 어떠한 障壁도
그로되 그가 아니다
一通이기 때문이다
卽一이기 때문이다
한 몸의 表現이기 때문이다

自身의 自性分別이기 때문이다.

다시
온 大地를 덮고
온 하늘을
다시 온 宇宙를 덮는
뜨거운 사랑.

微物도 昆蟲도 獅子도 코끼리도
魚族도 飛禽도
사람도
鬼神도
다시 하느님도
그리고 有情 無情 有想 無想 一切衆生도
佛菩薩 聖賢까지도
당신의 體溫으로 덥히는 따스한 사랑.

키우고 돕고 이루고 어울리고
피고 지고 뛰고 노는
榮光스런 모든 生命屬性이
그의 훈훈한 사랑 血脈의 피어남이라.

그의

뜨거운 그리고 커다란

훈훈한 사랑이

저 太陽의 햇살같이

저 꽃의 香氣같이

生命껏 펼쳐 내고 뿜어 내고

차별없이 하염없이 부어대는

오직

줄줄만 아는 끝없는 사랑이

주어도주어도

끝이 없는

지칠 줄 모르는

저 하늘과 太陽과

神의 등 너머에서 온 사랑이

이것이

한마음의 體溫이다.

生命

窮劫을 꿰뚫은 生命

宇宙를 덮고

有無에 사무친 生命

피고 무성하고 落葉지고
몇 萬번을 반복하고
宇宙가 生成하고 머물고 허물어지고
다시 티끌조차 있고 없고
그는
有無에 生成에 變滅에 壞空에 無關한
久遠한 生命
그는 活活自在 永劫不滅性을
이
無常變滅과 生成과 壞空과 有無로 보이니
이것이 無量生命 永遠生命 絕對의 生命.

그에게는 滅이란 없다
無限을 自在로 生命할 줄만을 안다
그는 生命이기 때문이다
生命에는 生命밖에 없는 것
빛에는 어둠이 共存할 수 없는 것
活에는 活밖에 없는 것
몇 萬번 天地가 번복되고
生命이라는 名相이 있고 없고
生命은 푸른 하늘처럼
출렁이는 바다의 끝없는 물결처럼

永遠히 永遠히 거기 살아 있다

이것이 한마음의 壽命이며 樣相

아무리 더럽혀도 때 묻지 않고

아무리 찍어도 다칠 수 없고

아무리 때려도 상하지 않고

아무리 잡아도 죽음이 없는

永遠의 不死身, 金剛身, 不思議身이

바로 한마음의 肉身이며 眞身이다.

存在에 앞선 存在 以前者

모두의 모두이기에

모두는 그에게서 淵源하고

모두는 이미 거기 있고

그의 것이다

豊饒

自在

光明

 生命

平和

無限創造……

온 몸을

온 天地를 뒤흔드는 기쁨

터져 나오는 歡喜

自足한

모두와 함께 있는 幸福

智慧

慈悲

無量功德藏이

自在造化力이

久遠生命의 無盡波動으로 너울친다

祝福의 물결

幸福의 大海

한마음은 그를 戱弄한다

그는 規定하는 者

規定받는 者가 아니다.

그는 스스로 있다

淸淨 淸淨

無量淸淨 光明藏으로 거기 있다

햇빛 앞에

어둠이 어루대지 못하듯이

罪라는 어둠을 생각할 수 없다

툭— 터진 푸른 하늘

太陽은 눈부시게 부서지고

밤하늘 無數한 찬란

神秘와 希望이

반짝이고 소곤대고

끝없는 淸淨을 흘러내리듯

그에게는 淸淨光明만이

몸을 휘감았다.

때 묻을 수 없다

罪지을 수 없다

더욱이 因果며 業報가 있을 수 없다

地獄을 가고 餓鬼道를 가고 修羅趣를 날아도

거기에는

흰 蓮華香氣 나부끼고

宇宙의 呼吸인 듯

大地의 振動 天樂은 가득하다.

누가 있어

罪 罪

罪人 罪人 하느냐

한마음 나라에는 無垢淸淨光뿐인 것을!

여기에는

物質도

感覺도
表象도
意志도
意識도 찾을 수 없고
一切 認識도
對象도
現象도 本來도 없다.

그러니 어찌
罪며
業이며
報며
苦며
病이며
가난이며
厄難이란 게 있을까.

그것은
아예 없는 것이다
이름만이
헛되게 굴러다닐 뿐
실로는 이름조차 없는 것이다

모든 物質이 그렇고
物質界가 그렇고
모든 現象과 現象界가 그렇다
現象이라는
幻幕에 그려지는
그 어떤 두려움도 病苦도 苦難도
그것은 幻일 뿐이다
認識이라는 虛構的 形像에 나타나는
不安도
失意도
虛妄도
恐怖도
渴望도
憤怒도
슬픔도
그것은 모두
泡沫에 비친 찬란한 그림자
實로는 이름조차 없는 것이다.

그러기에
이러한 虛妄한 幻想이나
虛構的 影像에

잡히고
눌리고 할 것도
또한
이에서 벗어나고 이기고 하는
힘도 智慧도
도무지 없는 것이다.

여기
마음도 생각도 있음도 없음도
눌림도 벗어남도
힘도 지혜도
자취조차 없는
여기
구름 한 點 없는 無限으로 터진 蒼空
兀然 淸淨無碍光이
蕩然 自適하는
여기
九龍이 亂舞하고
百花競美하고
萬獸가 合唱한다.

이

한마음 나라

가지 않았고

오지 않았고

멀리 있지 않고

가까이 있지 않고

보는 데

잡는 데

부르는 데

뛰노는 데

處處에

永遠香風 젖었고

사람마다 面前 밝은 달 두렷하니

萬人 옷소매에

淸風은 떨친다.

三世如來는 이곳에 머무시고

諸佛淨國土는 이곳에 벌어지니

一切 착한이들 이곳에서 成佛하며

一切衆生 모두가

이 나라 百姓이니

大菩薩이며

如來化身이며

無上師며
한 핏줄이다.

모두가
光明自在
神通妙用
萬德自存
至聖 至嚴 至淨
至祥 至樂 至健
至强 至福

恒沙功德은 本來로 지녔고
無量德相은 元來로 具足하다
한마음 한마음
功德妙用 넘쳐나고
마하반야바라밀 마하반야바라밀
自在解脫 一切成就 煥然히 이룩된다
마하반야바라밀 마하반야바라밀
나무마하반야바라밀

4. 續 한마음 헌장

한마음 한마음
한마음이 무엇인가.

그것은 바로 너다
바로 나다
바로 그다
모두 다.

萬德尊相 無量功德
不可思議 大威神力
本然自在 大解脫身……
成佛해서가 아니다
見性해서가 아니다
業障消滅해서가 아니다
福지어서가 아니다
修證해서가 아니다
可能性이라는 含藏이 아니다

空해서가 아니다
理由가 있어서가 아니다
覿面現前
바로 있는 것이 그다
바로 있는 네가 그다
바로 있는 내가 그다
本來대로 그다.

어두울 수 없고
죽을 수 없고
병들 수 없고
가난할 수 없고
束縛 받을 수 없고
怯弱할 수 없고
비루할 수 없고
惡할 수 없고
毒할 수 없고
차가울 수 없고
미울 수 없고
謀陷할 수 없고
背信할 수 없고
시기 질투할 수 없고

우울할 수 없고
不安할 수 없고
외로울 수 없고
치우칠 수 없다.

만약
어둡거나
죽거나
病들거나
가난하거나
束縛받거나
怯弱하거나
비루하거나
惡하거나
모질거나
冷情하거나
밉거나
우울하거나
不安하거나
외롭다거나
편벽지다면
그는 그가 아니다

한마음이 아니다
거짓인 그요
거짓인 너요
잘못 본 그요
잘못 본 너니 한마음은 아니다.

한마음만이 있다
있는 것은 한마음이다
暴風雨가 터지고
怒濤가 터지고
火山과 地動이 터지고
하늘과 땅과 바다가 震動하고
불 불 불 天地가 陷沒하고
太陽이 떨어지고
죽음의 물결이 밀어닥쳐도

어두울 수 없고
죽을 수 없고
病들 수 없고
가난할 수 없고
束縛할 수 없고
怯弱할 수 없고

비루할 수 없고
惡할 수 없고
毒할 수 없고
차가울 수 없고
미울 수 없고
모함을 모르고
背信을 모르고
질투를 모르고
우울을 모르고
불안을 모르고
외로움을 모르고
치우침을 모르는
이것이 한마음이다
바로 너다
있는 그대로의 너다
永劫으로 變하지 않는 너다.

한마음인 너는
너인 한마음은
永遠히 永遠히
한마음인 채로 있다.
한마음인 너는

저물 줄 모르는 久遠의 太陽

한마음인 저는

저물 줄 모르는 久遠의 太陽

한 마음인 모두는

저물 줄 모르는 久遠의 太陽

燦爛燦爛

光明만이 가득하다.

영원히 영원히 太陽보다 밝고

죽음을 모르는 싱싱한 生命

健康 健康 健康이 넘쳐흐르고

豊足한 所須物은 화수분이다

虛空을 활개치는 自由

勇氣 勇氣 하늘을 찌르는 勇猛이여

尊 貴 聖 極尊의 神聖과 權威는

너의 피로 흐르고

끝이 없고 限이 없는 깊이 모를 사랑

어머님 손길처럼 永遠한 仁慈

大地를 데우는 따스함

虛空을 녹이는 훈훈함

미워도 미워도 미울 수 없고

보아도 보아도 또 보아지고

感謝讚嘆 感謝讚嘆은 그의 입이며

信義는 그의 呼吸

믿음은 그의 心臟

四大六根은 歡喜의 化現이며

泰山의 安隱 바다같이 悠悠하다

山川草木 日月星辰

蠢動含靈 諸佛菩薩

天上天下 一切衆生

뉘 아니 兄弟인가

涅槃은 꿈속을 흘러내린 시내

生死는 그 시내에 뜬 泡沫

永遠 歡喜 無限淸淨 圓滿.

이 모두는

한마음에서 오다

한마음에서 이 모두는 오다

이것이 한마음인 너다

나여 너여

한마음이여

이 有無에 뛰어난 한마음 얼굴

窮劫의 太陽 한마음 얼굴이

나와 宇宙와 生命 이전의 生命임을

믿고 알고
歡喜 讚嘆 感謝로
이 自由 · 權威 · 神聖 · 幸福을 열고 누리자
믿는 것이 있는 것이다
行動이 믿는 것이다.

5. 광덕스님의 '마하반야바라밀다' 수행법

1) '마하반야바라밀다' 의 의의

'마하반야바라밀다' 는 잘 알려진 바와 같이 '큰 지혜의 완성' 이라는 뜻입니다. 여기서 특별히 관심둬야 할 것은 장차 완성한다든가 어떤 조건이 붙은 완성이 아니라 이미 완전하게 완성되어 있다는 점입니다. 이것은 무엇이 어떻다고 설명할 수 없는, 생각이나 마음을 초월한 무한 절대의 완성, 진리 본연의 완성, 그 천연 자체를 뜻합니다.

경(經)에 이르시기를, '반야바라밀다는 모든 부처님과 부처님의 법이 나온 곳' 이라고 하여 불모(佛母)라고 합니다. 모든 부처님이 부처님이게 된 근거는 반야바라밀다라 하였으며 모든 부처님에 앞서 반야바라밀다를 공경하고 공양하라고 하셨습니다.

그러므로 진리의 길을 구하는 사람은 마땅히 반야바라밀다를 구하여야 할 것입니다.

개인의 완성에 있어서나 사회의 완성에 있어서나 역사와 국토의 완성에 있어서도 무엇보다 반야바라밀다를 구하라는 뜻이 됩니다.

반야바라밀다는 근원적 진리이며 주체적 진리입니다. 우주와 시간이 벌어지기 이전의 원모습이며 시간과 역사가 벌어진 후에도 그

원모습이며, 무궁한 시간과 공간과 존재와 발전의 근원적 원모습이 반야바라밀다라는 말이 됩니다. 이 땅의 평화와 번영을 생각하고 부처님과 그 거룩한 진리를 알려면 반야바라밀다를 알아야 하는 것입니다. 생명의 근원이 반야바라밀다이고 우리의 참 모습이 반야바라밀다이며 일체 존재를 초월한 실존이 반야바라밀다라는 말입니다.

그러므로 우리들이 참된 인간을 확립하고 진실한 자기를 회복한다는 것은 반야바라밀다를 아는 것이라 하겠습니다.

또 이 땅, 이 사회, 이 질서가 진리본연의 질서가 되어 인간생명을 진리로 가꾸고자 하면 역시 반야바라밀다에 의한 사회이어야 하겠고 그에 따른 운영이어야 한다는 말도 됩니다. 인간 개개인의 덕성과 지혜와 창조적 힘을 발휘하는 것도 반야바라밀다의 활용에서 오게 됩니다.

이렇게 살펴보면 반야바라밀다는 진리이며 실존이며 일체 생명의 현실입니다. 그래서 일체 생명이 삶의 보람을 누리고 발전과 평화를 이루자면 모름지기 반야바라밀다에 의지하여야 합니다.

『반야심경』은 이 점을 가장 짧은 말로 표현하고 있습니다. 인간을 둘러싼 감각적 육체적 물질적 자연적 정신적 일체 한계를 초극합니다. 일체 고난을 없이하고 일체 장애와 두려움을 소탕합니다. 반야바라밀다는 무상진리(無上眞理)로 인도한다고 말씀하고 계십니다.

반야바라밀다는 문자 그대로 대지혜의 완성이며 진리생명의 완성이며 진리국토의 완성이라 할 것입니다.

2) '마하반야바라밀다' 염송

『반야경』에는 이런 말씀이 있습니다.

'어떤 선남자 선여인이 반야바라밀다 법문을 숭배하고 온갖 공양구로써 공양하였을 때와, 한편에 부처님의 사리탑을 공경하고 공양을 올렸을 때와 어느 쪽이 더 큰 복덕이 있는가?'

이에 대하여 대답하기를, '부처님은 완전무결한 최상의 공덕을 갖추셨으니 그 부처님은 어떤 도를 닦아서 최상의 무극의 도를 깨달았겠는가?' 반문하고 '그것은 반야바라밀다를 배웠기 때문' 이라고 말하고 있습니다.

또 부처님을 여래(如來)라고 부르는 것은 '그 신체의 특성 때문에 그렇게 부르는 것이 아니라 반야바라밀다를 이루었기 때문에 여래라고 말한다' 라고 하고, 결론적으로 반야바라밀다를 공양하면 참으로 부처님을 공양하는 것이라고 말씀하고 있습니다. 그리고 이어서, '반야바라밀다는 여래의 진정한 몸이니 모든 부처님은 법신(法身)이요, 물질적 존재인 신체가 아니니 여래는 마땅히 법신이라고 보아야 하고, 여래는 곧 반야바라밀다에서 나투신 바' 라고 말씀하고 있습니다.

또 경에는, '반야바라밀다가 제불(諸佛)의 어머니' 로 비유되고 있습니다. 그래서 반야바라밀다는 여래의 어머니이고 낳으신 어버이시며, 여래에게 일체를 아시는 공덕성(功德性)을 나타나게 한다고 하였습니다. 그러기에 옛 조사들도 항상 반야바라밀다를 염하고 반야경을 지송하면 견성한다고 말한 것입니다. 『금강경』에는 일체 제

불과 제불의 법이 반야바라밀다에서 나온다고 말씀한 것을 다 아실
것입니다.

또 '세존은 반야바라밀다와 다르지 아니하며 반야바라밀다는 세
존과 다르지 아니하며 세존이 곧 반야바라밀다요, 반야바라밀다가
곧 세존' 이라고도 말씀하고 계십니다.

이상 몇 가지만 살펴보아도 제불의 근원이 반야바라밀다이며, 일
체중생의 성불할 법문도 반야바라밀다이며, 반야바라밀다가 일체
공덕을 나타내는 근본임을 알 수 있습니다.

다시 말을 바꾸면, 반야바라밀다가 법이며 진리이며 일체공덕의
원천이며 삼세제불(三世諸佛)의 진면목이고, 우리가 소망을 이루고
내지 성불하는 통로〔길〕라는 사실을 알 수 있습니다.

그렇다면 우리가 생각하고 믿고 행할 근본 과제가 무엇이겠습니
까? 우리는 반야바라밀다를 깨달아야 하며 반야바라밀다 공덕을 알
고 믿어야 하며, 반야바라밀다에 친숙하도록 끊임없이 노력하여야
겠습니다. 이것이 가장 수승한 수행이 아닐 수 없습니다.

그러므로 우리는 마땅히 반야바라밀다를 바로 알고 믿고 닦아야
하겠습니다. 반야바라밀다를 염하고 친근할 때 일체 제불을 염하고
친근하는 것이 되며, 반야바라밀다를 자신에게서 성숙시켜 깨달아
들어가는 것이 제불의 공덕을 자신에게서 이루는 것임을 알 수 있
습니다. 이렇기 때문에 저는 반야를 깊이 배울 것을 생각하며 여기
'법회' 에서 바라밀다염송을 하는 것입니다.

제가 말씀드린 바는 저 스스로의 해석이나 독단론이 아니고, 『대

반야경』에 있는 부처님 법문의 일단을 말씀드린 것이니 반야경을
보다 깊이 친근하여 바라밀다공덕을 성취하시기를 간절히 바랍니
다.

3) '마하반야바라밀다'를 향한 자세

마하반야바라밀다는 반야심경에서 관세음보살이 말씀하신 바와
같이 허무와 허위를 벗어나 진실과 진리의 충만을 구사하는 것입니
다.

그러므로 진리를 자기생명으로 알고 생각하며 행동하는 것이 기
본자세이며, 불보살님의 은혜로운 위신력과 함께 있다는 것이 바라
밀다 신앙의 기본이며, 밝고 긍정적이며 적극적인 태도가 기본적
생활자세이며, 일체 형제와 동포와 조국이 한 몸이며 주변 상황의
책임이 자신이라는 자세가 바라밀다신앙의 사회적 입장입니다.

이 도리는 이론으로 배우기보다는 마하반야바라밀다를 착실히
공부해 가면 저절로 알아지는 것입니다.

4) 나무마하반야바라밀다

『불광』에는 매호마다 부처님을 믿고 마음을 바꿈으로서 여러 가
지 기적적 일들이 벌어진 것을 증언하고 있습니다. 간경화증으로
거의 생을 포기했던 내과 박사가 염불을 하고 가족과 이웃에게 감
사하는 마음으로 그 마음을 바꾸자 곧 병이 나았다든가, 자궁암에
걸렸던 분이 염불과 사심없는 봉사행으로 암종창이 없어졌다든가,

등등 기적적 일들이 연상 소개되고 있습니다.

그런데 이런 행운아들은 대개 의사가 치료를 포기하였을 때 비로소 일체 생각을 버리고 부처님에게 향하여 자신의 마음을 바꿨던 것입니다. 이들이 마음을 자기 심중으로 쓰며 과학지식이나 현대의술이나 범부의 상식적 생각에만 매달렸던 종전의 태도를 하루아침에 포기하고 부처님에게로 마음을 돌린 사실을 우리는 주목하여야 할 것입니다.

원래 부처님은 한량없는 자비의 근원이십니다. 한량없는 지혜와 공덕이 끝없이 넘쳐나십니다. 이 부처님의 은혜의 세계를 등졌을 때가 범부의 세계이며 한숨과 눈물이 뒤섞인 중생세계인 것입니다. 그럼으로 우린 이렇게 다짐해야 합니다.

"마음을 부처님에게로 돌리자. 어려움을 만나고 절망적인 상태에 이르러서 한숨과 탄식에 젖어 있다가, 어두운 구렁텅이에 빠져 울고 있다가, 마음을 부처님에게로 돌리자. 부처님의 은혜와 한량없는 자비공덕이 이유없이 조건없이 마음이라 하는 우리의 참생명 속에 부어지고 넘쳐있는 것을 생각하자."

이럴 때 고난이 없어집니다. 병고가 없어지고 장애와 액난이 사라지는 것입니다. 불국토를 건설한다 하는 것은 바로 우리 마음의 개혁이며 우리의 가정과 생활의 개혁이며 사회의 변혁인 것입니다. 부처님을 믿으면서 마음을 부처님에게로 돌리지 않는다면 거기에 행복이 올 리 만무합니다.

누구나 자신에게 고난이 닥쳤을 때 급히 깨우쳐 부처님에게 마음을 돌리며, 이 몸이 허망하고 덧없음을 느꼈을 때 마음을 부처님께 향하고, 이 세상에 평화·번영이 담겨지기를 기원할 때 우리의 마음을 부처님 태양 앞에 활짝 돌립니다. 만사는 마음이 만든다고 하는 것은 이와 같이 우리 자신에게 부처님 마음을 맞이해 들이는 데 있다는 것을 알아야 합니다.

혹자는 "행운과 행복 등 현세의 이익을 생각하는 종교는 미신이다"라고 말하기도 합니다. 그러나 그런 사람은 자기 종교를 하나의 지식이나 겉치레로 삼고 있다는 사실을 모르는 사람이며, 진리는 우리의 현실을 떠나 따로 없다는 사실을 모르는 사람입니다.

우리 『불광』은 창간이래 일관하여 참된 행복의 길을 추구해 왔습니다. 그리고 '마하반야바라밀다'를 항상 생각하고 불러서 마음속 가득히 부처님의 무량공덕심을 담도록 힘써왔습니다. 그리하여 물질주의에 사로잡혀 둔할 대로 둔해진 우리의 심성에 새로운 생기를 주고 우리의 생활에 밝음과 윤택을 주기를 추구해 온 것입니다.

이제 다시 소리 높여 '마하반야바라밀다'를 부르고 마음에 가득히 부처님을 맞이해 드리기를 기약하고 다짐합니다.

5) 바라밀다 성역을 지키자

경에 이르시기를, '온 세계는 오직 일심이요, 마음 밖에 다른 법이 없다'라고 하셨습니다.

오직 일심(一心)이 존재의 근원이요, 세계의 근원은 마음뿐이라는 말씀입니다. 따라서 인간과 세계의 본질이 마음이며 고뇌와 혼란의 중생세계의 원인도 마음임을 알려 줍니다.

부처님의 이 가르침은 고뇌와 불안 속의 인간에게 밝은 해탈의 길을 열어주신 것이며, 이 땅 온 세계를 청정과 평화와 번영으로 바꾸는 위없는 진리를 설파하심입니다. 살펴보면 너무나 유명한 이 가르침을 우리가 너무나 등한히 하고 있다는 것을 알게 되고 반성하게 됩니다.

모두가 고난에서 벗어나고 불안에서 평화를 추구하며 속박에서 끊임없이 자유를 추구하지만, 그런 소망을 이루는 근원 원리인 삼계유심(三界唯心)의 가르침을 너무나 잊고 있지나 않은가 깊이 생각하게 됩니다.

우리들은 대개 자신의 마음은 환경에 좌우되고 지배된다고 생각하고 있습니다. 고요한 환경에서 마음이 고요하고, 즐거운 환경에서 마음이 기쁘며, 자유스러운 환경에서 그 마음에 활기가 있다고 합니다. 이것은 분명 범부중생의 현실에 지나지 않습니다. 그러나 돌이켜 보면, 이것은 일체 환경에 그 마음을 맡겨 두고 인간본성의 자주성을 망실한 데서 오는 것입니다. 마치 빈 집에 문을 열어 놓아 청풍에 명월이 비추기도 하며, 먼지가 불어 들기도 하고 도적이나 너구리가 스며들기도 하는 것과 같은 것입니다.

원래로 이 마음은, 더러움도 혼란도 갈등도 일체존재도 초월한 청정한 근원입니다. 이 마음이 근원이 되어 우리들 자신과 우리의 세계 환경을 나타냅니다. 그래서 마음이 근원인 것입니다. 그러므로 이 마음의 청정과 안정과 자주적 권능은 어느 때라도 스스로가 밝게 지켜져야 합니다. 아니 만들어가야 합니다. 올바르게 믿고 써야 합니다. 이 마음이 흔들리고 어지럽다는 것은 바로 자기 환경과 세계를 불안과 혼란으로 몰아넣는 원인이 되고 있다는 것을 분명히 알아야 합니다.

곰곰 살펴 깊이 생각해 보면 이 마음이야말로 일체의 근원이니, 인간에게 있어 가장 신성한 영역이라 할 수 있습니다. 이 성역은 신성하고 청정한 본래의 상태로 지켜져야 합니다.

'그런데, 무엇이 우리의 청정성역을 파괴하는 것일까?'

대개 두 가지를 말할 수 있겠습니다. 첫째는 원래로 절대 성역의 주체인 청정본성을 망각하고 따로 가치와 진리를 구하며 밖으로 한눈 파는데 있는 것이고, 둘째는 앞서 말한 바와 같이 우리의 마음을 임자 없는 빈집으로 버려두는 데 있는 것입니다.

우리의 본성청정을 끊임없이 가꾸어 가자면 첫째는 무엇보다 본래 청정한 자성임을 보고 깨닫고 믿는 데 있는 것이지만, 만약 그렇지 못하다면 모름지기 '마하반야바라밀다'를 항상 염하여 일체청정의 대공덕(大功德) 태양이 자기본심에 찬란히 빛나고 있음을 끊임없이 추구하고 지켜가야 합니다. 이것이 우리 성역의 침범자를 근원적으로 봉쇄하고 막는 방법이며, 성역의 신성과 무량공덕을 온전히 지켜가는 방법입니다.

성역을 침범하고 파괴하는 둘째는 불안·공포와, 타인의 허물을 보는 것과 탐진치 삼독입니다. 자신의 생명뿌리가 진리의 태양이며 부처님 공덕임을 알지 못하는 데서 인간 바탕에는 깊은 공허지대가 형성되고 거기서 끊임없이 우수와 사려와 불안 공포가 흘러나옵니다. 그리고 일체존재는 유형적 물질적인 것이라는 견해에 떨어지고 인간 불행이 끊임없이 물결쳐 오는 것을 상상합니다. 바로 이것들이 우리들 바라밀다 성역의 중대한 파괴자들인 것입니다. 그들은 모두 안에 있지요.

또 탐진치 삼독심을 뿌리로 삼아 일어나는 온갖 감정과 무지(無知)의 물결이 횡행하므로 우리의 바라밀다 성역은 더욱 황폐해 가고 파괴됩니다. 더 나아가 타인을 대하여 끊임없이 그의 허물을 보고 세계의 악을 보며 과거의 불행과 실패를 생각하는 데서 더욱 바라밀다 성역의 공덕은 상실되고 거칠어져 가는 것입니다.

이렇게 생각해 볼 때 우리들은 무엇보다 내 생명의 실질이며 근원인 바라밀다 성역을 지켜가야 함을 새삼 느끼고 깨닫게 됩니다. 바로 이 마음이 반야바라밀다의 근원이며 마하반야바라밀다가 내 생명임을 잊지 말아야 하겠습니다. 무진장한 여래공덕은 찬란한 진리의 태양이 되어 내 생명 성역에 항상 타오르고 있는 것입니다. 어찌 이것을 외면하고 떨어져서 헤매며 우수사려에 빠지고 삼독심을 내 부리며 타인의 잘못을 인정하여 비판하고 추궁함으로써, 자신을 점점 어두운 구렁, 불행의 늪으로 몰아갈 것입니까.

우리는 모름지기 반야바라밀다의 진리생명을 깊이 믿고 합장하여야 할 것입니다. 감사하고 기뻐하며 항상 환희로써 생각하고 말하여야 할 것입니다. 끝없는 평화와 발전의 희망을 부풀리고 용기와 정진으로 자신을 장엄하여야 할 것입니다. 성공을 생각하고 발전을 꿈꾸며 평화와 뜨거운 우정을 간직하여야 할 것입니다.

이렇게 하는 것이야말로 우리 모두의 원래 얼굴이며, 본래모습이 아닙니까. 바라밀다 성역의 온갖 공덕을 지닌 주인공의 진정한 자세가 아니겠습니까. 생활과 환경과 세계를 바꾸어 불국토의 광명을 펼쳐 가는 이것이 늠름한 불자의 참모습이 아니겠습니까. 이제 거듭 바라밀다 성역의 자각, 성역의 호지, 성역의 주인공, 성역의 건설자를 깊이 생각해 봅니다.

6) 바라밀다를 방패로 삼자

부처님께서 수행중일 때 보리수 아래 금강보좌에 앉아 '정각을 이루기 전에는 결코 이 자리를 뜨지 않으리라' 하고 결심하였을 때 마궁(魔宮)이 동요하고, 마왕(魔王)이 크게 놀래어 보살의 수행을 온갖 방법으로 방해하였다고 전합니다. 혹은 천녀를 보내어 유혹하고, 혹은 군사를 보내어 위압해오고, 혹은 신력(神力)을 기울여 물·불·돌 등으로 온갖 포악을 퍼부었다고 합니다.

그러나 보살은 미동조차 하지 않으시고 이들 마군(魔軍)의 온갖 장난을 물리쳐 저들을 항복 받으시고 급기야 예정된 정각(正覺)을 이루고 말았습니다. 이 점은 「불타전」에 마군을 항복받은 사건으로 상세히 전해 옵니다. 만약 저때에 보살이 마군을 조복 받지 못하였던들 오늘의 불교가 있을 수 없음은 너무나 명백합니다. 그러면 저때에 보살은 무엇으로써 강포한 마군의 폭거를 조복 받으셨을까요?

경에는 이렇게 적고 있습니다.

'보살은 과거 무수겁을 수행하는 동안, 누구나 와서 청하는 것을 일찍이 어긴 적이 없었다. 온갖 고행을 이기고 깨달음을 구하며 보시·지계·정진·인욕·선정·지혜 등 육바라밀다를 항상 닦았다.'

다시 말하면 오랜 동안 반야바라밀다을 닦았다는 말입니다. 그리고 실지 보리수하에서도 "바라밀다를 방패로 싸우리라" 하고 다짐하십니다. 어떻게 하여 바라밀다를 방패로 마군을 대적하셨다는 말일까요. 경에는 또 이렇게 적고 있습니다.

'마음이 움직이지 않기는 수미산과 같아서 저 마군중(魔軍衆)을 환화(幻化)와 같이 관한다. 모든 법은 서로 다른 바 없고 분별할 바 없으니 이슬과 같고 뜬 구름과 같다. 법상(法相)을 이와 같이 바르게 생각하여 마음의 경계는 공하여 실이 없다……'

저때에 보살은 밀어 닥치는 마군의 온갖 경계나 폭거를 이와 같이 환화(幻化)로 관하시고 분별이 없어 그 마음 경계가 허공 같았다는 것을 우리는 주목하는 것입니다. 보살은 이와 같이 오랜 기간을 닦으시고 이와 같이 바라밀다를 행하시어 필경 대각을 이룩하셨습니다. 이 점을 생각하면 오늘날 우리들이 무엇을 어떻게 닦아 대각의 길을 갈 것인가에 대하여 명백한 해답을 얻게 되는 것입니다.

보살이 바라밀다를 방패로 삼아 마군중을 항복받으신 것처럼 우리들의 수행 또한 반야바라밀다를 근본으로 삼아 마군중과 같은 온갖 경계를 당했을 때, 그 경계를 환(幻)으로 관(觀)하고 마음에 한 물건도 없는 청정을 현전하여 수미산과 같이 동하지 말아야 하는 것입니다. 이렇게 살펴본다면 우리를 둘러싼 환경조건이 아무리 거칠더라도 우리는 그 거치른 환경에 휘둘림 없이 청정본심에 부동하여야 할 것입니다. 혹은 고난이 밀려오고 혹은 실패의 구렁이 앞을 가로막고 혹은 절망의 강물이 밀어 닥쳐도 이것들에 마음 두지 말고 오로지 마음을 허공처럼 맑게 간직하고 그 속에 충만한 바라밀다 위력으로 우리의 정진이 계속되어야 할 것입니다.

원래로 바라밀다는 완성이며 성취며 도피안(到彼岸)이고, 각성이며 진여며 원만성입니다. 원래로 제법의 본성이 바로 이것이며 제불의 근원이 바로 바라밀다입니다. 그러므로 지혜와 자비, 평화와 조화, 무한의 창조와 번영, 성취력이 바로 바라밀다인 것입니다.

그러므로 오직 바라밀다에 의지하여 일체를 대하며, 일체를 따로 보지 아니하고 바라밀다를 직관하는 것, 이것이 부처님이 보리수 아래에서 마군을 항복 받은 도리이고 정각을 이룬 근원이었습니다. 오늘날 우리들 생활이 일체재난을 극복하고 깨달음의 피안으로 가는 보살의 길일진대, 우리는 모름지기 부처님의 보리수하의 지혜를 배우지 않을 수 없는 것입니다.

그러면 우리들은 세존의 보리수하의 지혜를 어떻게 배운다는 말인가? 그것은 반야바라밀다를 확신하고 육바라밀다를 실천하는 것이라 하겠습니다. 이와 같은 우리의 바라밀다행에서 마군중은 극복되고, 수행상의 온갖 장애는 소멸되며, 사회와 국토에는 평화번영이 꽃피고, 자성국토에는 바라밀다 태양이 빛날 것이 아닌가 합니다.

거듭 말해서 바라밀다의 확신과 바라밀다의 실천이 오늘의 개인과 사회를 함께 구제하며 법성국토를 열어 가는 것이라 하겠습니다.

자, 그렇다면 우리 모두 두 주먹 불끈 쥐고 앞으로 나아갑시다. 바라밀다를 실천합시다. 부처님께서 열어 놓은 대도를 향하여 우리 모두 정진의 행렬을 줄기차게 몰고 갑시다. 그래서 부처님의 동성 정각(同成正覺)의 큰 열매를 역사 현실에서 거두도록 합시다.

7) 위대한 갑옷을 입자

우리 불자들의 삶의 목표는 불법(佛法) 실현에 있습니다. 그리고 불법은 무엇을 목표로 삼느냐 하면 '중생성숙(衆生成熟)과 국토성 취(國土成就)' 입니다.

모든 사람을 진리로써 완성하여 지혜와 덕성과 능력을 완성하는 것과, 우리의 국토·우리의 생활환경을 진리가 구현한 평화번영과 중생의 완성을 보장해 주는 환경으로 만드는 것입니다.

참으로 위대하고 원대한 목표입니다. 저 위대한 원이 불자들의 삶의 방향을 제시하고, 삶의 가치를 말해주며 삶의 보람을 거두게 하고 역사와 사회에 그 위대한 빛을 보태게 되는 것입니다.

그런데 불자가 이와 같은 큰 원을 세우게 되는 직접 동기는 무엇 이겠습니까? 그것은 장애라는 환경 여건 속에서 인간의 부덕·무 능·왜소·불행 등의 자각입니다.

불자는 불법을 만나서 자신의 본성이 위대한 진리의 태양이며 원 만한 진리공덕이라는 것을 믿게 됩니다. 그러나 우리들이 경험하고 있는 현상세계는 그렇게만 보이지 않습니다. 고와 장애와 무능이 너울치고 있습니다. 이점에서 불자는 고와 장애를 극복하여 이 땅에 평화를 실현하고 인간의 안녕과 행복을 확보하며 나아가 인간의 완성을 추구하는 원과 행이 있게 되는 것입니다. 놀라운 일이지요.

그렇다면 불자에게 저 위대한 소망을 이룰 힘은 어디서 오는 것일까요? 그것은 두 말할 나위 없이 부처님입니다. 진리에서 온다는 말입니다. 진리이신 부처님이 진리인 지혜와 대자비와 막힘없는 위신력으로 불자로 하여금 위대한 서원을 완성토록 인도하며 가호하며 뒷받침하는 것입니다. 장애의 극복과 완성의 위력을 공급하십니다.

부처님께서는 말씀하셨습니다.

"보살은 맹수가 우글대는 황야를 가더라도, 도적이 횡행하는 황야를 가더라도, 물도 먹을 것도 얻을 수 없는 황야를 가더라도, 질병이 유행하는 황야를 가더라도 조금도 두려워하지 않는다. 오히려 어려움을 만날 때마다 두려워하지 않을 뿐 아니라 법을 깨닫는다."

『대반야경』

보살의 원을 자신의 원으로 세운 불자들은 병고·기근·재난 등 어떠한 고난을 당하더라도 그러한 현상적인 것에 흔들리지 아니하고 도리어 그때마다 법을 깨달아 법으로써 자신을 무장하고 법의 위력을 발휘해 간다는 말씀입니다.

그러면 어떤 법을 깨닫는다는 말씀인가요?

'이 세상에는 실로 병이 없고, 병으로 인하여 다칠 사람도 없다'라는 공성(空性)을 통달합니다.

이러한 공성의 위대한 갑옷으로 몸을 굳히고 중생을 위하여 육바라밀다를 닦습니다. 불자가 의지하고 믿고 있는 부처님 법은 바로 이런 것입니다. 맹수나 도적이나 기근이나 질병이나 그밖에 고통스러운 온갖 사항들도 실로는 없는 것을 사무쳐 아는 것입니다. 고통스러운 현상이 실로는 무(無)인 것을 사무쳐 안다는 것입니다.

그뿐만 아니라 고통스러운 상황을 당하여 고통을 당할 자신[사람]도 본래 없는 것임을 깊이 믿습니다. 어려운 일을 만날 적마다 법을 깨닫는다는 것은 이와 같이 대상(對象)의 경계(境界)도 공(空)하고 경계를 받아들여 분별하는 자도 무(無)인 것을 통달하는 것입니다. 설령 아무리 어려운 경계가 밀어닥쳐도 그것이 허사인 것을 알고 동요하지 않을 뿐만 아니라 중생을 위하여 세운 바 원과 행을 꿋꿋하게 관철해 가는 것입니다. 불자가 세운바 청정원(淸淨願)과 행(行)은, 이것이 바로 진리생명의 빛이며, 부처님의 은혜로운 지혜가 자신을 통해서 솟아나고 성장하고 있는 것을 의미합니다.

이와 같은 거룩한 불자의 원과 행은 자칫 어려운 환경조건, 어려운 상황을 당하여 흔들리고 때로는 좌절하고 후퇴할 수도 있을 것입니다. 이런 때에 부처님께서는 위대한 법, 위대한 갑옷으로 몸을 굳히라고 말씀하셨습니다. 위대한 법, 반야바라밀다가 바로 위대한 갑옷이며, 위대한 위력의 근원이며, 중생과 국토를 함께 성취시키는 위대한 법문인 것입니다.

불자형제 여러분!

우리 모두 위대한 갑옷을 입읍시다. 반야바라밀다의 갑옷을 입읍시다. 우리의 서원을 가로막는 어떤 장애도 오로지 무(無)임을 알아서 흔들림 없이 바라밀다의 대행을 밀고 갑시다. 미움도 원망도, 장애도, 불화도 원래 없는 것이고 병고도 실패도 원래로 없습니다. 오직 부처님의 진리공덕 원만한 평화와 조화, 완성과 번영만이 끝없이 너울치고 있는 것입니다.

이래서 불자는 반야바라밀다의 위대한 갑옷을 입고 스스로를 성취하고 가족을 성취하고 이웃과 사회를 성취하며 국토와 역사를 성취합니다. 반야바라밀다의 갑옷이 없을 때 보살은 흔들립니다. 두려워하고 좌절하고 또는 퇴타합니다.

오늘날 우리 한국불교에서 반야만큼 친근한 법문도 없습니다. 또한 물질주의, 관능주의, 이기적 대립주의가 난무하는 오늘의 상황에서 반야법문만큼 개인과 사회에 뿌리박힌 병의 뿌리를 제거해 주는 묘약(妙藥)도 없습니다. 공고한 믿음과 빛나는 지혜와 줄기찬 용맹력을 공급하는 반야바라밀다 법문은 우리들 생명 속에서 일찍부터 본래부터 너울 치고 있는 것입니다.

"불자형제들이시여, 위대한 갑옷을 입고 자신과 겨레와 온 국토의 완성을 향하여 정진합시다.

나무 마하반야바라밀."

8) 밝은 마음 밝은 환경

우리들은 어려움을 만나고 불행을 만나며 뜻대로 되지 않는 생활 조건 속을 살아가노라면 탄식도 하고 원망도 하게 됩니다. 물론 의기소침하여 좌절할 때도 있습니다. 그러면서도 그 마땅하지 않은 환경에서 어떻게든 벗어나려고 발버둥칩니다.

그렇지만 그런 환경에서 벗어나려고 막무가내로 서두르고 뿌리친다고 불행이 금방 사라지고 없어져 행복해지는 것도 아닙니다. 저 환경이 행복해지자면 환경을 바꾸려고 하기 이전에 자신의 마음을 먼저 바꾸어야 합니다. 행복한 마음으로 마음이 바뀌었을 때 행복한 환경이 꾸며지기 때문입니다.

사실 오늘이 불행한 환경이라면 불행한 환경의 원인이 우리 마음에 있다는 것을 먼저 깨달아야 할 것입니다. 우리의 환경조건이란 밖에서 누가 가져다주었거나 강제한 것이 아니라는 사실입니다. 그보다는 자기 마음이 그런 환경을 끌어당겼고 만들었다고 할 수 있는 것입니다. 우리는 마음이 환경을 만들고 자신을 만들고 일체를 만든다는 것을 잘 알고 있습니다. 이 점은 불자신앙의 출발점이자 근본입니다. 왜냐하면 부처님께서 말씀하신 '일체유심조(一切唯心造)' 의 가르침은 우리 생활을 만들어가는 근본원칙이 되는 것이기 때문입니다.

'자, 그렇다면 오늘 우리의 마음상태는 과연 어떠한가요? 밝은 마음인가, 어두운 마음인가, 거친 마음인가, 평화한 마음인가?'

우리의 마음이 평화하고 활기에 넘쳐 있을 때 우리의 환경도 밝고 활기차게 바뀔 것입니다. 불행스런 환경에 대해서 불평을 하고 타인에게 책임을 돌리며 또는 인생을 저주하고 우울한 마음으로 있는 한은 언제까지 기다려도 즐거운 환경은 결코 오지 않을 것입니다. 뻔한 사실입니다.

이 점을 생각한다면 현실에서 우리가 어떤 마음을 가져야 하느냐에 대한 답은 분명히 나와 있습니다.

설령 경제가 내리막이라든가 사업이 한산하다든가 금융붕괴가 왔다든가 신용위기를 초래했다 하더라도 그런 생각을 마음에 두거나 항상 불경기를 말하고 있다면 불경기나 불행에서 벗어나기는 어려울 것입니다. 자신의 침울한 마음상태, 우리의 어두운 마음상태가 더욱 불경기를 불러들이고 심화시킬 것이기 때문입니다. 위기의식을 촉발하여 난관에서 극복하고자 하는 것이 방법이라고 말들을 하지만 자칫 큰코 다칠 수도 있습니다. 인간의 마음이 어두워진다는 사실을 알아야 합니다.

그러므로 어려움을 당했을 때, 그 상황은 끊임없이 바뀌는 것을 생각하며, 희망을 가지고 밝은 방향으로 자신의 생각이나 사회의 분위기를 만들어가야 하고 몰고 가야 할 것입니다. 그것이 지도자들의 가장 큰 책무입니다. 모든 방법을 활용할 권한을 국민들에게

위임 받았으니까요.

그래서 좀 타격을 받아도 굴하지 않고 다시 일어나 꿋꿋하게 전진하는 사람은 설사 한때 어려움을 당했더라도 이윽고 환경을 바꾸고 역경을 이기며 밝고 풍요한 새 환경을 만들어 내게 될 것입니다.

이런 점에서 볼 때 마음이 밝고 견고한 신념을 가진 사람 앞에는 어떠한 고난도 필경 장애가 될 수 없다고 할 것입니다. 확고한 신념, 태양같이 밝은 마음이 일체를 성취시키는 힘이며 지혜인 것입니다. 신념이 없는 사람은 험난한 길을 당하여 주저하고 나아가지 못하지만 신념의 힘, 밝은 확신을 가진 사람은 마치 불도저와 같아서 온갖 험악한 장애물을 극복하고 앞으로 전진해 나아갑니다.

자, 인간은 누구나 자신의 생명이 부처님의 무한공덕과 이어져 있다는 것입니다. 누구나 뛰어난 능력을 자신 속에 가지고 있는 것이지요. 어떤 어려운 일도 능히 극복하고 성취할 수 있는 능력을 원래 지니고 있다는 것입니다.

그러므로 어려운 일을 당해서 주저할 것이 없습니다. 장애를 극복할 지혜와 힘은 자신의 몸에서 나오는 것이 아니라 생명에 깃든 부처님의 무한공덕에서 터져 나오는 것입니다. 자신의 생명이 부처님의 무한공덕의 표현이라는 확신을 가지고 일체사를 당할 때 지혜와 용기는 저절로 흘러나옵니다. 우리는 이 신념이 필요하며 나아가 견고한 인내력과 정진력을 갖추어야 합니다.

불자는 매사에 무엇보다 반드시 성취된다는 밝은 마음, 확신을 가져야 할 것입니다. 우리 모두는 부처님의 무한공덕에 뒷받침되어 있다는 것을 생각하고 믿고 축복된 자신인 것을 확신해야 할 것입니다. 그리고 일상생활에서 끊임없는 감사가 함께 할 때 우리의 마음은 더욱 밝아지고 정진력은 가일층 증진됩니다. 부처님의 무한공덕장이 우리의 생명에 이어져 있는 한 우리에게 불운은 있을 수 없습니다. 실패가 있을 수 없습니다. 좌절이 있을 수 없습니다.

설사 일시적 장애가 눈앞에 나타나 보이더라도 행운은 지금 저쪽에서 다가오고 있으며 찾아오고 있는 도중인 것을 생각하고 알아야 할 것이다. 당연히 현재의 고난을 저주하지 말아야 합니다. 넋놓고 앉아서 신세타령을 하거나 세상에 대해서나 남에게 불평하지 말아야 합니다. 결코 자신을 어두운 마음에 머물지 못하도록 막아야 하고 단속해야 합니다. 불교에 대한 신앙심을 굳건하게 회복하고 강화해야 합니다. 부처님의 무한력이 내 생명에 깃든 것을 끊임없이 보고 믿고 감사하고 또 감사해야 합니다.

고난을 당하였을 때, 불운이라고 느껴질 때, 진정 그 고난에서 불운에서 빠져나가기를 바란다면 벗어나기를 바란다면 이와 같이 우리의 마음이 먼저 고난과 불운에서 빠져 나오고 어둠에서 벗어나야 합니다. 마음이 바뀜으로써 환경이 바뀌고, 마음속에 원만한 성취가 환경의 원만한 성숙으로 이어진다는 사실을 직시해야 합니다. 마음을 바꿀 줄 모르고 환경을 저주하고 환경에서 벗어나고자 막무가내로 몸부림치던 우리의 일상을 철저하게 반성해야 할 것입니다.

마음을 바꾸는 방법이 무엇일까요?

그것은 부처님의 무한공덕에 대한 확신이요, 부처님의 대자대비 위신력이 내 생명에 바로 이어졌다는 지혜의 눈입니다. 이 믿음, 이 확신이 우리의 마음을 영원히 밝히고 일체 성취의 크나큰 힘을 파도처럼 끊임없이 공급해 줍니다. 바른 믿음과 견고한 신앙이 우리를 구제하는 것이지요. 아니 자신의 믿음이 결국 자신을 구제하는 것입니다.

이와 같은 믿음과 지혜의 눈은 '반야바라밀다'를 염하는 데서 확정됩니다. 일심(一心)으로 반야바라밀다를 염하는 데서 믿음의 세계, 지혜의 세계는 우리 마음 깊은 곳에 피어나고 자신의 심신(心身)에 충만하여 나아가 우리의 환경을 변혁하게 됩니다.

고난을 만나거든, 장애를 만나거든, 반야바라밀다를 염합시다. 불운을 만났다고 생각되거든 반야바라밀다를 염합시다. 부처님의 원만공덕이 내 생명에 이어지고 대자대비 위신력이 끊임없이 내 생명에 넘치고 있는 것을 관하고 감사하며 일심으로 반야바라밀다를 염합시다. 일체 불행과 현상은 반야바라밀다 앞에 본래 '무(無)'를 드러냅니다. 반야바라밀다가 일체 어둠을 소멸시키고 원만공덕을 전면 현전시키며 내 생명을 본래의 광휘로 가득 채워줍니다.

'내 생명 부처님무량공덕생명, 나무 마하반야바라밀'의 이 일구(一句)가 우리의 환경을 광명으로 바꾸고 성공의 저 언덕으로 이르게 하는 첩경인 것을 잊지 맙시다. 필경 참으로 있는 것은 '반야바라밀다', 이것 밖에 다른 것은 없는 것입니다. 반야바라밀다가 있을

뿐 어떠한 불운도, 어둠도 없는 것입니다. 태양에 어찌 어둠이 공존
할 수 있으랴!

　"우리 모두 반야바라밀다를 염하여 청정본연의 위력을 발휘하여
불국정토를 우리 생활 주변에서부터 이루어 갑시다."

4.

보현도량 행원문
行願門

1. 행복으로 가는 길

진실로 있는 것은 반야바라밀다, 오로지 원만자재한 부처님의 공덕상(功德相)뿐이다. 과거에도 현재에도 먼 미래에도 부처님의 대자비 대위덕은 영원히 변함없다. 언제나 내 생명 부처님무량공덕 생명, 반야바라밀다인 것을 생각하자. 반야바라밀다는 지금 나에게서 생생히 살아있다. 그러므로 우리는 지금 이 순간, 빛나는 바라밀다 광명 속에 있는 것이다. 항상 새롭고 원만하고 조화로운 기쁨이 지금 우리에게 가득한 것이다. 반야바라밀다 생명으로 생활하는 자신을 잊지 말자.

과거에 아무리 고난이 있었어도 생각하지 말자. 지금 우리는 반야바라밀다의 대광명으로 살고 있는 것이다. 반야바라밀다 천지는 이미 활짝 열렸다. 감사하고, 환희하고, 위대한 공덕을 생활 속에서 빛내자.

1) 인간은 물질적 존재라든가 육체가 인간이라든가 마음이 인간이라든가 하는 데서 한층 더 나아가 바라밀다 법성(法性)이 인간이고 자신이라는 것을 알아야 한다. 인간의 행복은 외부에서 오는 것

이 아니라 전적으로 자신의 내부에서 나오는 것을 잊지 말자.

2) 우리 환경에는 '악'이란 없다. 왜냐하면 진실로 있는 것은 바라밀다 공덕뿐이기 때문이다. 고난스러운 일을 만나더라도 불행이 왔다고 생각하지 말자. 결국 그 과정을 거쳐 심신의 향상에 도움이 되는 것이 오기에다. 남이 폭언을 해오거나 매도해 올 때 마음이 상한다. 그렇다고 그런 감정으로 곧 바로 행동하지 말자. 상처 난 감정은 바라밀다를 염하여 치료하자.

현상적으로는 자기가 손해를 본 듯 하여도, 실로는 부처님의 자비가 자신을 축복하고 있다는 것을 먼저 생각하고 마음에서 떠올리자. 어떠한 상황에서도 슬퍼하지 말자. 화내지 말자. 오직 바라밀다를 염하고 지극히 감사하자.

3) 어려움을 만났을 때 그 어려움을 극복할 능력이 내게 있다는 것을 인정하자. 내 앞의 문제는 전적으로 내게 해결할 힘이 있다는 사실을 믿자. 악평을 들었다고 하여 곧 자괴감이나 열등감에 빠지지 말자. 오히려 경고 받은 것을 반성으로 하여 인생의 새로운 계기로 삼는다. 그래서 혹평한 사람을 원망하지 말고 철저하게 자기반성을 갖자.

절망하지 말자. 우리는 불자다. 훌륭한 점이 내게 풍성히 있다. 나의 잘못을 알았을 때 허물은 소멸되고 있는 것이다. 이 얼마나 고마운 일인가!

4) 연꽃잎에 물이 묻지 않듯이 어떤 허물도 참으로 우리자신의 진실을 더럽히지 못한다. 잘못을 꽉 붙잡고 있는 마음을 버리면 허물은 곧 없어진다. 더럽혀 있는 것은 불자인 우리 자신의 진실생명이 아닌 겉 포장지에 묻은 흙이다. 자기 반성한 결과 허물을 발견하면 고칠 결심을 하면 된다.

‘나는 죄인이다’ 하고 죄의식에 결박되어 마음의 평화, 자유를 잃어서는 안 된다. 우리의 본성은 원래로 불성광명(佛性光明) 그대로다. 변하지 않았다. 결코 자신을 저주하지 말자.

5) 불쾌한 감정이 일었을 때 거기에 빠져들지 말자. 그것은 우리의 운명의 적이고 미모와 젊음의 적이다. 격한 감정이 폭발하여 불쾌감정이 몸을 돌고 있으면 건강도 운명도 파괴된다. 감정폭발의 노예가 되지 말고 감정의 주인이 되자. 감정을 지배하자. 품격 높은 언행이 솟아난다. 보현행이다. 자신의 생각을 밝은 방향으로 돌이킬 훈련을 하자. 노력을 하자. 이윽고 자신에게 미와 건강과 행복이 찾아온다. 일순간이라도 불쾌한 표정을 짓지 말자. 불안한 표정을 짓지 말자. 그것은 이윽고 우리의 마음과 얼굴을 추하게 만들기 때문이다.

항상 큰 은혜를 받고 있는 것을 믿자. 감사하자. 어둠은 아침을 예고한다. 구름은 이윽고 사라진다.

6) 자신을 미워하는 것으로 보이는 사람과 대립감정을 일으키지

말자. 누구든 불성이요, 성불한다. 그 누구든 오직 진실한 불자다. 그가 완전한 불자인 것을 믿고 예경하면 그는, 상대방 모든 사람은 자비하고 친절한 사람으로 나에게 대해 오고 새 사람으로 내게 나타난다.

부당한 악평을 하였다고 하여 원한을 갖지 말자. 그 사람의 진실한 마음은 자비하신 불보살의 마음이기 때문이다. 다만 그는 지금 나를 수행시켜 주고 있다고 생각하고 감사하자.

악평했다고 상대방을 미워하면 미움이 돌아오고, 상대를 예경하면 예경이 돌아온다. 원래 악인이 아닌데 나의 이해가 부족했던 것이다. 그의 내부는 선인(善人)이며 보살(菩薩)이다.

7) 내 마음에 안 드는 사람이라 하여 상대를 내 마음에 들게 하도록 애쓰지 말자. 그도 불심이 있고 인격의 자유가 있다. 내 편이 되도록 강제하지 말자. 다만 내가 바뀌면 상대도 바뀐다. 상대를 악인이라고 볼 때 상대는 악인으로 보이고 악인으로 나타나며 악인의 역할을 한다. 상대를 축복하면 마침내 상대는 우리를 축복해 주게 된다. 조바심 내지 말고 인내성 있게 언제까지나 항상 상대방을 축복하자.

항상 내가 상대방을 예경하고 찬탄할 때 그의 불심을 보게 된다. 만약 상대에게 나쁜 것이 눈에 띈다 하여 나쁘다고 말하지 말자. 현상적 불량(不良)에는 눈을 감고 내부 진실인 바라밀다를 불러서 "당신은 불자, 자비보살이다. 결코 악인이 아니다."라고 염하자. 이것이 반야바라밀다의 진실을 관하고 염하는 것이다.

8) 상대방을 변화시키려고 생각하지 말자. 저 사람도 존엄한 불자다. 자유로이 무엇이든 할 수 있는 권능을 부처님에게서 받은 것이다. 우선 나의 마음이 변화하는 것이 근본이다. 상대의 마음은, 내 마음의 상태가 가서 비친 것임을 알자.

어떤 불쾌한 환경에도 우리의 정신을 살찌우는 정신적 양분이 들어 있다. 겉모양은 거칠어도 내용에는 공덕이 담겨 있는 것이다. 나를 미워하는 사람이 있거든 그 사람도 관세음보살인 것을 잊지 말자. 미워하면 미움이 돌아오고 사랑하면 사랑이 돌아온다. 내가 먼저 사랑을 시작하여 온 환경을 맑혀가자.

9) 사람을 저주하지 말자. 그것은 돌아와 자신을 해친다. 누워서 침 뱉기와 같다. 저주하는 대신 칭찬하고 축복하자. 축복하는 자 축복받고 칭찬하는 자 칭찬 받는다.

말과 생각은 씨앗을 뿌린 것과 같아서 마침내 싹이 트는 것이다. 좋은 씨앗을 뿌려 좋은 결실을 거두자. 남을 밀어붙여 설사 이긴 듯해도 거기엔 행복은 없다. 모두와 행복을 함께 느낄 때 참된 가치와 행복이 있는 것이다.

10) 장애를 만났을 때 절망하지 말자. 사방이 막혔어도 하늘은 푸르다. 마음의 문을 열어 부처님을 생각하자. 부처님은 어떤 환경에

서도 그것을 넘어설 길을 가르쳐 주신다. 두려워 말고 반야바라밀다를 염하자. 부처님의 무한공덕이 장애를 소멸시키고 창조를 이룬다. 망상으로 이루어진 장애는 부처님의 반야광명을 받아 소멸되는 것이다. 어떤 어둠에도 비관하지 말자. 항상 마음을 밝게 하고 반야바라밀다를 염하자. 끝없이 밝은 바라밀다광명이 일체 어둠을 소멸한다.

부처님 무량공덕을 깊이 믿고 오직 일심으로 반야바라밀다를 염하며 초조불안에서 벗어나 전심전력 행동으로 뛰어나가자.

11) 험한 길은 서두르지 말고 차분차분 안정되게 걸어야 하는 것처럼 큰일을 만나면 큰일을 만났다고 생각하지 말고 차분하고 평정한 마음으로 반야바라밀다를 염하자. 좋지 않은 일이 생겼다 하여 그 문제와 맞싸우려 하지 말고 조용히 부처님을 생각하자. 문제가 일어났을 때 그 문제에 맞붙기에 앞서 부처님을 생각하는 것이다. 부처님의 지혜와 자비의 인도를 받아 문제 해결의 실마리는 열려 온다. 부처님의 지혜와 자비의 힘으로 해결 안 될 문제는 없다.

어려움을 만나거든 무엇보다 부처님의 지혜와 자비와 위덕을 생각하고 반야바라밀다를 염송하자. 문제는 필경 해결된다.

12) 행복은 자신의 본성을 발견하고 진리인 본성에 안주하는 것이 근본이다. 우리의 본성이 반야바라밀다이므로 거기에는 무한의 평화와 안녕과 지혜와 자비와 덕성과 위력이 넘쳐나고 있는 것이

다. 행복하자면 먼저 이와 같은 자신의 본성에 눈뜨고 이 사실을 깊이 믿어야 한다. 참으로 있는 것은 반야바라밀다, 반야바라밀다의 무량공덕이 있을 뿐이다. 그러므로 참으로 행복하자면 반야바라밀다를 믿고 생각을 바꿔야 한다. 세계와 인생에 대한 생각을 바꿔야 한다.

불행이나 병고나 재난이 있다는 잘못된 인생관을 바꾸어 건강하고 평화하고 조화롭고 번영만이 인생과 존재에 진실인 것을 믿어야 하는 것이다. 죄가 있다거나 재난이 있다거나 하는 인생관에서 활연히 벗어나야 한다. 죄니 고난이니 하는 나쁜 것들은 원래로 없는 것이고 무량청정 반야바라밀다만이 진실존재요, 진실세계요, 진실한 자신인 것을 알아야 한다.

행복하자면 무엇보다 이제까지의 어둠에서 활짝 벗어나 반야바라밀다의 광명이 빛나는 밝은 세계로 뛰어나와야 하는 것이다.

13) 운명이 바뀌고 환경이 바뀌고 생활이 바뀌자면 먼저 자신의 마음을 바꿔야 한다. 자신을 둘러싼 환경과 자신의 온갖 것들이 자기 마음이 근원이 되어 이루어졌기 때문이다.

새로운 환경은 새로운 마음에서 시작된다. 새로운 생활은 무엇보다 행복을 생각하는 데서부터 시작하는 것이다. 생각은 이것이 하나의 종자이며, 강한 추진력을 가진 동력이다.

어제까지의 고통스럽던 일을 모두 잊자. 그리고 새로운 행복을 풍성하게 생각하자. 지금 이 자리에서 눈으로 보고 귀에 들리는 현상세계 저 너머에 진리의 진실한 행복이 완전하게 이루어져 있음을 생각하자.

마음에 그리고 마음으로 생각하고 마음으로 지켜보며 행복의 성취를 확신하자. 그리고 진리의 원천인 반야바라밀다를 일심으로 염하자. 마음에 그려진 행복은 이윽고 현실로 이루어지게 된다. 기뻐하자. 부처님의 진리에 감싸인 우리다. 감사하자. 부처님의 무한공덕이 끊임없이 부어지는 반야바라밀다 생명이다. 기뻐할 때 기쁨은 더욱 불어나고 감사할 때 감사할 일이 더욱 크게 모여든다.

14) 반야바라밀다는 부처님과 부처님법의 근원이며 일체존재의 궁극적 진실상이다. 반야바라밀다에는 어두움이 없다. 불행이 없다. 죄란 아예 없다. 어두움이 있고 죄가 있고 불행이 있어 보이는 것은 반야바라밀다를 보지 못한 착각과 망상에서 오는 것이다. 원래로 인간에게 닥친 불행이나 재난은 반야바라밀다 진실을 보지 못한 생각에서 출발한 어둠인 것을 알아두자.

어둠이 없고 죄 없고 불행 재난이 없는 것이 우리의 본분이요, 생명의 원모습이고 참모습이다. 우리는 반야바라밀다 생명, 결코 더럽혀질 수 없고 때 묻을 수 없는 본래청정자다. 허물을 범한 것은 자신이 아니다. 육체적 착각이 범한 것이다. 진실자기와는 아무런 관계가 없다.

우리의 본성인 반야바라밀다는 결코 때 묻을 수 없고 죄지을 수 없는 절대 청정자인 것이다. 진실한 우리에게는 원래로 죄는 없다.

15) 경(經)에는 '일체는 마음이 만든 것〔一切唯心造〕'이라 하였고, '온 세계도 오직 마음일 뿐〔三界唯一心〕'이라 하였다. 우리의 환경조건도 자신의 형성도 자기 마음이 이룬다는 말이다.

우리의 세계와 생활조건도 우리 마음이 만든 것이다. 우리의 환경은 우리의 자신과 깊은 관계가 있는 것이다. 지금 우리에게 주어진 환경이 비록 힘든 것이라 하더라도 그 환경을 만든 것은 남이 아닌 바로 자기자신이다. 우리가 과거에 지은 마음이 현상으로 나타나고 있는 것이다.

우리는 자신을 돌이켜 보아 고난의 원인이 자기 마음인 것을 알아서 반성하고 뉘우치며 생각을 돌이켜 무량청정광명인 반야바라밀다를 향하도록 한다. 그렇게 할 때 육체적 한계의 자아로 생각해낸 어리석음을 버리고 참되고 완전원만한 반야바라밀다 광명이 드러나는 것이다.

어떤 문제이든 고난이든 모든 어려움은 진리에 비추어 볼 때 비로소 해결의 길이 열린다. 오로지 환경을 탓하지 말고 마음을 돌이켜 보자. 자신이 바뀔 때 환경이 바뀌는 것이다. 마음이 바뀔 때 환경이 바뀌고, 바라밀다 무량공덕을 염할 때 세계가 바뀐다.

16) 행복은 먼 곳에 있지 않다. 이미 우리에게 주어져 있다. 이 주어진 행복을 현상적 현실로 나타내자면 반야바라밀다를 염하고 마음을 맑혀야 한다. 우리의 진실생명이며 무량공덕의 근원인 반야바라밀다를 염하고 또 염하여 우리 마음에 바라밀다의 순수청정을 실

현하자. 거기에 바라밀다 무량공덕 무량행복의 문이 활짝 열리고 우리의 현상에 행복이 나타난다.

무엇보다 마음에 있는 것이 구체적 현상으로 나타나는 것을 알자. 그러므로 설사 지금 행복하지 않게 느끼더라도 바라밀다를 염하고 마음의 행복을 생각하자. 불행은 나타나면서 사라지고 마음에 그려진 행복은 이제부터 새로이 현상으로 나타난다.

건강 · 행복 · 성취 · 원만 · 등, 이 모두는 우리 생명의 본래모습이다. 반야바라밀다의 본래면목이다. 반복하여 자신의 진실을 생각하고 건강과 행복을 확신할 때, 그 확신은 현실로 나타난다.

17) 언제나 자신의 진실생명에 눈뜨자. 자신을 육체적 존재라는 생각을 결단코 버리자. 인간의 실상인즉 법성(法性)이며 바라밀다이며 부처님의 무량공덕이다. 이 자각에 철저할 때 우리는 새로이 태어나는 것이다. 우리 마음의 진실이 부처님 공덕의 원천인 반야바라밀다임을 알 때 우리의 행동은 새롭게 열려진다.

육체의 눈으로 본 '육체적, 물질적, 감정적' 자신을 진실한 자신이라고 그릇 알고 있는 생각을 철저히 소탕하자. 부처님께서는 모든 중생이 "부처님과 조금도 다름없이 이미 이루어졌다" 하셨고, "지혜와 덕상이 두루 구족하여 부처님과 다름이 없다"고 하셨다.

잊지 말자. 우리 생명의 진실을, 우리 인간존재의 실상을, 그리고서 위대한 꿈을 안고 용기 있게 나서자. 위대한 자신의 덕성, 지혜, 창조성을 행동으로 옮겨가자.

18) 우리의 진실생명이 반야바라밀다이고 우리의 환경 여건이 바라밀다 공덕일진대 우리는 원래로 행복이 약속된 사람이다. 다만 마음의 상태가 어떠하냐에 따라서 느낌은 달라진다. 부를 지키기 위하여 고뇌하는 자도 있고, 하루하루에 만족하여 가난한 듯 보이는 생활에서도 행복을 만끽하는 행복자도 있다.

언제나 자비와 평화와 존중, 건강을 생각하고 번영과 성취를 생각하는 사람은 자신이 지닌 반야바라밀다의 위력이 생각하는 방향으로 발동하여 구체적으로 행복과 번영을 가져온다.

우리의 생각은 우리의 환경에 무엇을 이루게 할 것인가를 결정하는 열쇠다. 우리의 생각이 위대하고 무한한 자신의 행복을 우리의 현상, 오늘의 현실에 구체적 형태로 나타내는 것이다.

인생의 참가치란 부(富)나 학식이나 사회적 지위가 아니다. 얼마만큼 자성을 깨닫고 얼마만큼 사회와 인류에 공헌하였는가로 결정된다. 우리 모두 결의를 새로이 하자. 그리고 반야바라밀다를 염하여 마음을 밝게 마음을 기쁘게 그리고 결코 남의 허물을 생각에 두지 않고 바라밀다 무한공덕에 감사하는 마음으로 살아가자.

19) 우리의 운명이란 지나간 세월 동안의 우리의 생각의 축적이다. 그러므로 우리는 언제나 자신의 운명을 만들고 있으며 자신의 운명에 변개(變改)를 가할 수 있는 것이다. 마음이 바뀌면 운명이 바뀌는 것이다. 곧 밝은 마음에서 밝은 운명이 오고 어두운 마음은 어두운 운명을 불러들인다. 너그러운 마음은 윤택한 인생을 만들어

가고 협소한 마음은 구차한 인생을 만들어 간다. 얼굴을 찌푸리면 온 세계가 불행해 보인다. 기쁜 미소를 머금고 이 세계를 볼 때 세계는 행복이 넘쳐나고 있는 것이니 문제는 운명을 논하지 말고 마음을 바꿀 것이다.

마음이 밝을수록 어두운 생각, 비관적 생각, 불행을 예상하는 생각은 사라진다. 미움, 노여움, 원한 등 어두운 생각을 버렸을 때 버린 정도에 따라 우리의 마음은 밝아지고 바라밀다 세계와의 유통이 윤택하고 현상생활에 바라밀다 완전공덕이 넘쳐 나오게 되니 이것이 행복이다. 좋은 날이 따로 없다. 밝은 신념을 가지고 결행하는 날이 좋은 날이다. 자기 한정을 버리고 바라밀다의 무한공덕세계를 생각하자. 지금이 가장 좋은 시간이다. 스스로 향상하고 인류에 도움이 되는 일이라면 지금 당장 시작하자. 내일을 말하지 말자. 내일을 말하는 자에게는 또 다시 내일이 기다리고 있으니 빛나는 날은 영영 잃고 만다.

20) 흔히들 고난에 짓눌려 일어서지 못한다고 한다. 그러나 고난이 우리를 괴롭게 하는 것은 마음에서 고난을 어두운 것으로 받아들여 그것에 사로잡힐 때다. 그 때가 정말 타격을 입는 때다. 오히려 고난을 능력 향상의 요건으로 맞이할 때 고난은 우리를 한층 드높이는 계기가 되고 그만큼 흥미도 더해지고 능력도 향상된다. 고난을 만나 그것을 어두운 마음으로 받아들일 때 그 사람의 능력은 위축되고 자신을 비관하게 될 뿐이다. 고난의 위세 앞에 무릎을 꿇

게 되는 것이다.

높은 산에 오르는 등반가의 노력이 기록 향상의 기쁨을 안겨준
다. 어떤 괴로운 환경이라도 그것은 우리를 단련하고 정신을 연마
하여 빛을 더하게 하는 의의를 품고 있다. 두려워하지 말고 어려움
에 맞붙을 때 평탄한 길보다 정신적 능력은 더욱 빨리 향상하는 것
이다.

21) 제행무상(諸行無常)이라 했다. 만법(萬法)은 변하는 것이다.
이 몸도 천지도 자연도 머물러 있지 않는다. 그러므로 현상계에만
매달려 있는 한 결국 동요가 밀려오고 불안을 면하기 어렵다. 견고
한 안정은 무상한 변화에서 얻기 어렵다. 오직 반야바라밀다를 직
관하고 있는 사람만이 얻을 수 있는 것이다. 끊임없이 반야바라밀
다를 염하고 반야바라밀다의 완전을 확고하게 마음에 다지자. 그리
고 감사하고 기뻐하자. 반야바라밀다의 행복과 무장애 신력이 이미
충만한 것을 직시하고 흔들리지 않을 때 바라밀다의 원만상은 현상
의 현실로 나타난다.

반야바라밀다의 청정상이 반야바라밀다의 원만상이 드러나는 곳
에 일체경계, 일체현상은 청정해진다. 원만해진다. 분쟁도 재난도
병고도 실패도 대인관계도 청정원만상을 회복해가는 것이다. 반야
바라밀다의 본래청정 본래원만의 진실을 굳게 믿자. 일체는 원만하
게 조화를 이룬 것이다.

반야바라밀다 본성에서 왕성하게 힘이 넘쳐나고 영원히 아름다

움이 흘러나오며 기쁨이 솟아나온다. 이것이 반야바라밀다 본성을
회복하고 자신의 진실을 믿는 사람의 경계이다. 어떤 때라도 흔들
림 없이 반야바라밀다 진실을 굳게 믿자. 그리고 감사하자. 기뻐하
자.

　※ 이 글은 선사(先師:광덕스님)께서 1990년 3월 12일, 불광사 제9기 바
라밀다 교육 특강 때 설하신 내용입니다. ― 편저자

2. 진리의 현장

1) 진리는 만인의 희망

진리라고 하면 지금 사람들 사이에는 좀 멀어진 말 같다. 다들 일상생활에 쫓기기 때문이리라. 진리라고 하면 우선 어떤 철학의 이론이거나 어려운 물리학의 법칙 같은 느낌이 앞선다. 그렇다고 진리라는 것이 우리와는 아주 동떨어진 타방세계(他方世界)의 일만은 아닌 듯, 그래도 우리는 주변에서 곧잘 '진리'라는 말을 주고받게 되고 듣게 된다.

'이것이 진리다.' 또는 '그것이 진리일까?', '참으로 진리라면 마땅히 하여야 할 것이 아닌가?' 하는 것 등이다.

생각해 보면 대개는 우리의 주변에서 혹은 우리의 성장과정에서 적어도 한 때는 '무엇이 진리인가?' 하고 더듬고 헤맨 시절을 가졌을 것이다. 그리고 진리대로 살고 싶었을 것이다. 그런데 묘하게도 손에 딱 잡히지는 않았고…….

사람들은 살아가면서 지식이야 있든 없던 그 나름대로 철학을 갖고 있다.

'인생은 분수대로 사는 것이다', '그냥 닥치는 대로 사는 것이다.' 또는 '적당히 해 가는 것이다' 등등 제각기 기묘한 인생철학을 갖고 있다. 그런데 그 가운데에는 그들 나름대로 하나의 공통점을 발견할 수 있는데, 진리라면 '마땅히 ～라야 할 것이다' 하는 것이 바로 그것이다.

'진리라면 마땅히 그대로 되어야 한다', '진리라면 마땅히 성취, 성공이 있어야 한다', '그것이 참으로 진리라면 평화와 안녕이 있어야 한다', '진리라면 발전과 행복이 분명히 있어야 한다' 는 등등 제각기 진리관을 가지고들 있는 것을 보게 된다.

기이한 노릇이다. 진리를 찾아 헤매다가 주저앉는 사람에게서 묘하게도 일정한 진리관을 듣게 된다는 것이다.

2) 만인은 일찍이 진리의 체험자

대개 '술 생각이 난다', '담배가 피우고 싶다', '골프를 치고 싶다' 고 하는 사람은 기왕에 이미 술을 마셔 본 사람이거나 담배를 피웠던 사람들이다. 골프를 쳐보지 못한 사람이 어찌 골프 생각을 할 것인가? 진리에 있어서도 마찬가지다. 진리를 구하는 사람은 일찍이 진리를 알았거나 아니면 진리를 가졌던 사람들이다. 진리를 모르는 사람이 어떻게 진리는 마땅히 '이러 이러한 것이다', '이것은 자명지리(自明之理)다' 라는 생각을 낼 수 있을 것인가.

3) 진리 요구는 생명의 발현이다

젊은 시절, 생명의 푸른 싹이 가장 발랄하게 피어오르는 시절, 지성의 눈이 트이는 그 시절에는 누구나 한 번은 진리를 구하고자 목마르게 찾아 헤맨 경험을 가지고 있을 것이다. 그것은 생명의 진실이 바로 진리이며 생명의 근본이 진리이기 때문에 생명이 당연히 자기면목(自己面目)의 확인을 요구하는 것이다.

그것은 진리의 질서를 자기화하려고 요구하는 것이다. 자기 생명이 진리이기 때문에 비록 착각을 일으켜 자기 진실을 확인하지는 못하더라도 진리는 '이러 이러한 것'이라는 사실을 자명지리(自明之理)로 아는 것이 당연하지 않을까! 진리는 우리에게 평화와 번영을 가져오는 것이고 진리는 우리에게 안락과 성취를 가져오는 것이며 진리는 성공과 발전이 있는 것이고 진리는 평등하고 공정한 것이고 진리는 영원과 무한을 가져오는 것이며 진리는 자유와 환희를 가져오는 것이라는 것 등을 우리는 굳게 믿고 있는 것이다.

그러기 때문에 만약 화평하지 못하거나 번영하지 못하고 안락하지 못하고 발전이 없고 불공평하고 속박을 느끼고 불안을 느낀다면 곧 이것은 '진리는 아니다'라고 항의하고 나서는 것도 또한 당연하다 할 것이다.

4) 진리 판단은 본래 생명에서 오는 것

이와 같이 진리를 모르면서도 진리와 비진리(非眞理)를 어떻게 판단하는 것일까? 이는 거듭 말해서 어쩔 수 없이 사람사람 개개인이 바로 진리의 한 표현이며, 그의 내실생명(內實生命)이 진리와 통하고 그의 실지 본분(實地本分)이 진리라는 사실에 착안하지 않을 수 없는 것이다.

맹인이 밝음을 보지 못한다 하여 밝음이 어디 다른 곳으로 간 것은 아니다. 태양이 달에 가렸다 하여 없어진 것이 아니다. 별이 구름에 가려 보이지 않는다고 별이 없는 것은 아니다. 색맹인이 색을 구별하지 못한다 하여 색이 없는 것이 아니다. 그가 알든 말든 여전히 단청 빛깔은 화려하고 뭇별은 반짝이고 소곤대며 태양은 찬란하고 광명은 온 천지에 가득히 뿌려지는 것이다, 진리도 마찬가지다.

진리를 알고말고에 상관없이 그는 영원무한(永遠無限)하고 원만구족(圓滿具足)하며 절대자재(絶對自在)하다. 지공무사(至公無私)하고 만덕을 스스로 갖추었다. 온갖 지혜와 자비와 위덕과 능력이 바다같이 넉넉하다.

그것은 미(迷)하고 깨치고에 상관없다. 많이 닦고 닦지 않고에 상관없다. 죄를 지었거나 짓지 않았거나 상관없다. 성인(聖人)이고 범부(凡夫)에 상관없다. 유식무식에 상관없다. 어른이고 아이이고 상관없는 것이다.

5) 진리는 미오(迷悟)에 상관없다

흔히들 이렇게 말한다.

"깨친 사람에게는 진리이거니와 깨치지 못한 사람 즉 미(迷)한 사람에게는 진리가 아니라 장애"라 한다.

참으로 그런 것일까?

도대체 미(迷)라는 것이 무엇일까? 그것은 착각이다. 잘못 보는 것이다. 새끼 토막을 뱀으로 보거나 금덩어리를 돌로 보거나 유리

관을 철관으로 보거나 지구는 부동한데 해와 달이 떴다가 진다고
보는 등 인식에 착각을 일으키는 것을 말한다. 이와 같이 착각을 일
으켰을 때 착각은 착각하는 그 사람에 있어 오인될 뿐이지 결코 오
인과 관계없는 제삼자에게 있어서나 오인한 당사자에게서도 그 오
인으로 인하여 해와 달이 뜨고 지거나 유리관이 철관이 되거나 금
덩어리가 돌이 되거나 새끼토막이 뱀이 되지는 않는다. 여전히 금
은 금, 유리관은 유리관이고 새끼 토막은 풀 섶에 흩어져 있고 지구
는 쉬지 않고 돌고 돈다.

진리에 있어서도 마찬가지다. 미오(迷悟)에 상관없이 진리는 진
리 그대로 영원불변하다. 깨쳤다 하여 더하지 않고 미(迷)했다 하여
덜하지 않으며 성인에 있어 더하지 않고 범부(凡夫)에 있어 덜하지
않는 것이다.

여기의 이 본불변(本不變:본래는 변하지 않는 것)의 비유는 본연
진리(本然眞理)에 변함이 없다는 비유인 것을 기억해 두고 오해 없
기를 바란다.

6) 모두는 이미 완성되었다

부처님의 법화회상 때의 일이다. 법화회상은 바로 『법화경』이 강
설된 모임이다. 다 아는 바와 같이 『법화경』에는 남자, 여자, 이승
(二乘: 보살도를 닦지 않는 수행인) 모두가 성불할 것을 선언하였
다.

그때까지의 일반적인 생각으로는 이승은 고작 아라한(阿羅漢)이

나 벽지불이 극치이고 여인은 성불하지 못한다고 알려져 왔는데 부처님께서는 이를 완전히 부정하신 것이다. 가섭존자, 아난존자, 사리불존자, 수보리존자, 목련존자를 위시하여 모든 부처님 제자가 성불할 것을 수기(授記 : 예고)하셨던 것이다. 더욱이 놀라운 것은 지금 이미 모든 중생이 부처님인 당신과 조금도 다름이 없다는 말씀이셨다.

『법화경』「방편품(方便品)」에 말씀하셨다.

"사리불아, 마땅히 알라. 내가 본래 서원(誓願)을 세우기를 일체 중생으로 하여금 나와 똑같게 하여 다르지 않게 하리라 하였는데 나는 이제 저 옛날에 세웠던 원(願)을 이미 만족스럽게 실현하였다."

우리는 부처님께서 "이제 이미 만족하였다(今己滿足)"라고 하신 점에 특별히 주목한다. 이 말씀은 이제부터 몇 겁(劫)을 드나들며 닦고 닦아서 아득한 그 다음에 성불하는 것이 아니라, '지금 이미' 모두가 여래(如來)라는 말씀이다.

7) 진리는 바로 현실이다

놀라운 사실이다. 믿기 어려운 말씀이다. 그러기에 부처님께서도 말씀하시기를 "이 법은 믿기 어렵고 알기 어렵고……. 만약 믿고 가진다면 참으로 희유(希有)한 일이라"고 하셨다. 또 법화회상 벽두 이 법문 설하시기 전에 오천 명이나 되는 대중이 자리를 박차고 퇴장하여 나간 것이다. 그만큼 법문은 만나기 어렵고 만나고서도 믿기 어렵고 바로알기 어렵다.

헌데 이 믿기 어려운 - 일체 중생이 부처님과 똑같은 지혜와 자비와 위신력(威神力)과 성스러운 덕상과 한량없는 공덕이 원래로 갖추어 있다는 - 사실은 누가 이를 믿든 안 믿든 사실은 사실대로 그대로 있는 것이다. 이 도리를 믿든 안 믿든 깨쳤든 못 깨쳤든 사실은 사실대로 엄연히 우리 앞에 현전되어 있으며 이를 알고 모르고에 상관없이 쓰는 자에게는 진리대로 공덕이 이루어지고 소망(所望)은 성취된다. 그것은 수소 가스가 가연성(可燃性) 물질이라는 사실을 알든 말든 수소 가스에 불을 붙이면 빛과 열을 얻는 것과 같다.

8) 이곳이 진리의 현장이다

모든 것이 완전한 것, 영원 자재(自在)한 것, 지혜와 위덕(威德)이 원만한 것, 창조조화(創造調和)와 생명행복(生命幸福)이 가득한 것 - 이것이 진리의 속성(屬性)이다 - 이런 만덕상은 진리에서부터 흘러나온 것이다.

완전한 진리는 여래부처님이다. 그러므로 모든 참되고 영광스러운 공덕은 부처님에게서 온다. 일체공덕치고 부처님 밖에서 오는 것은 하나도 없다.

우리가 이 진리를 알고 모르고에 상관없이 원래 이 진리대로 세상은 이루어져 있고 이 진리 속에서 우리는 살고 있다. 그래서 우리는 불자이건 비불자이건 알건 모르건 상관없이 모두가 대진리(大眞理)대로 영원히 자재한 것이다. 아무도 이 진리 밖에 있는 자 없다. 어느 한 물건도 진리 밖에 있는 것은 아예 없다. 불교인도 기독교인도 무종교인도 사교인(邪敎人)도……, 이 진리 밖의 자라고는 없다. 무당도 판수도 실로는 모두가 이 진리대로 있는 것이다. 부처님의 세계, 여래공덕의 세계가 곧 진리의 현장이다.

9) 마음이 청정하면 불국토를 본다

유마회상(維摩會上)에서 있던 일

보적장자(寶積長者)가 부처님께 "모든 보살(구도자)은 어떤 행을 닦아서 성불하여 불국토를 성취하는가?"를 여쭈었다. 부처님은 직심(直心), 인욕(忍辱), 사무량심(四無量心), 사섭법(四攝法) 등 열여섯 법문을 말씀하시고 끝으로 "마음이 청정함에 따라 곧 일체 공덕이 청정하니 그러므로 만일 보살이 정토(淨土)를 얻고자 하면 마땅히 그 마음을 정(淨)하게 할지니라."라고 하셨다. 그 때 회중에 있던 사리불존자가 가만히 생각하기를 '만일 그렇다면 이 땅은 사바국토, 즉 석가모니부처님의 국토다. 그런데 부처님은 보살 당시에 마음이 얼마나 부정하여 불토(佛土)가 이같이도 부정한가?' 의심하였다.

부처님은 이를 아셨다. 그리고 사리불에게 말씀하셨다.

"맹인이 말하기를 해가 어쩌면 이같이 어두울꼬! 한다면 이것이 누구의 허물이겠느냐?"

사리불이 대답하였다.

"그것은 맹인이 스스로 보지 못할 뿐 해의 허물은 아닙니다."

이어서 부처님께서 말씀하셨다.

"사리불아, 중생이 허물이 있는 고로 여래(부처님)의 국토를 보지 못하느니라. 나의 국토는 청정하건만 네가 보지 못한다."

이 때에 대범천왕이 사리불에게 말하기를, "사리불존자이시여, 그런 생각하지 마소서. 어찌하여 이 불토가 엄정하지 못하다 하오. 내가 보기에는 이 사바국토가 저 자재천궁(自在天宮)과 같소이다. 당신의 마음이 평등하지 않으므로 이 국토를 부정하다고 보는 것이요. 부처님의 지혜에 의지하면 능히 이 불토의 청정함을 볼 것이외다"라고 한다.

이 때에 부처님께서 발로 땅을 딛으시니 즉시에 온 천지가 상서로운 광명이 가득하고 대지는 칠보(七寶)로 장엄하여 그 아름답기는 무엇으로도 형언할 수가 없다. 마치 보장엄불(寶藏嚴佛)의 무량공덕토(無量功德土)와 같았다. 그리고 일체 대중이 또한 부처님과 똑같은 연화좌에 앉아있는 것이었다. 일체 대중이 모두가 놀랐다. 이 때에 부처님께서 사리불에게 말씀하셨다.

"자, 이 불토(佛土)의 청정하고 장엄함을 보라."

사리불이 감탄을 마지않았다.

"세존이시여, 일찍이 보지 못한 바이오며 듣지도 못한 바입니다. 이제야 알겠습니다. 부처님의 엄정국토를 비로소 알겠습니다."

부처님께서 말씀하셨다.

"사리불아, 나의 불국토는 항상 이와 같이 청정하니라. 만약 마음이 청정한 사람이면 언제나 이 땅의 공덕장엄을 보리라."

10) 믿는 자만이 복을 받는다

부처님은 이와 같이 서원을 세우시고 이와 같이 서원을 완성하셨고 이와 같이 국토는 청정장엄하였고 이와 같이 일체중생을 성숙(成熟)시키셨다.

이것은 염원(念願)이 아니요, 이상(理想)이 아니요, 미래에 이루어질 예언이나 약속이 아니다. 지금 목전(目前)에 펼쳐진 현실이요, 사방에 현전(現前)한 현존(現存)이다.

믿음이 미치는〔信得及〕자는 성(聖)이요, 믿음이 미치지 못한〔信不及〕자는 범부(凡夫)라는 말이 있다. 말하자면 이 진리 현실을 믿는 자는 진리로 사는 영광을 누릴 것이요, 믿지 못하는 자는 답답한 고생주머니를 찬 범부(凡夫)라는 말이다.

부처님께서는 불을 집어 들고 우리의 눈앞에 들이대시면서 "이것을 보라!" 하신다. 이 밝은 불을 보고 불인 줄을 안 사람은 상(上), 불을 보지는 못했어도 불의 밝음, 따스함, 시원스레 걸림 없음을 믿고 행하는 자는 중(中), 이러지도 저러지도 못하고 '깨쳐봐야 알지 나는 중생이야?' 하는 자는 이른바 믿음이 미치지 못하는 자 즉 아견(我見)의 산에 머리를 푹 파묻고 아무 것도 안 보인다고 허둥대며 몸부림치는 자다.

11) 기뻐하자,
우리 모두는 진불자(眞佛子). 축복 받은 자다!

법화회상에서 저 때에 부처님의 수기(授記)를 받은 사리불의 기쁨을 생각해 보자.

부처님께서 "이제 이미 일체중생에게 여래공덕은 만족하였다"라고 하시고 수기(授記)를 주셨을 때의 기쁨, 이것은 사리불존자만의 기쁨이 아니다. 바로 일체중생의 기쁨이요, 믿음을 발한 모든 중생의 환희(歡喜)다.

생명 있는 자 그 모두의 기쁨인 것을 우리는 알아야 하겠다.

저 때에 사리불존자는 복받쳐 오르는 기쁨을 억제하면서 다음과 같이 고백하고 있다.

"제가 옛적에 부처님을 따라 법(法)을 배우는 동안 많은 보살(菩薩)들이 수기를 받는 것을 보았사오나 저는 그에 참례하지 못하여 매양 부처님 지견(知見)을 잊은 것을 심히 한탄해 왔습니다……. 그러나 이제 부처님으로부터 일찍이 들은바 없는 미증유(未曾有) 법문을 듣고 마음 속 모든 의심은 끊어졌사오며 신심(身心)이 태연하여 즐겁고 안온하옵기 이를 데 없습니다. 세존이시여, 이제야 알았습니다. 저희가 바로 진불자(眞佛子)인 것을!"라고 하고 있다.

진불자(眞佛子)! 우리가 진불자, 진리왕국의 왕자다.

그래서 진불자는 감사와 환희 그리고 무엇으로도 지울 수 없는 화안(和顔)으로 계행(戒行)을 삼고 진리의 바다에 깊이 들어 다함없는 창조(創造)와 보은행(報恩行)을 전개하여 환희와 행복을 누려야

할 의무가 있다.

※ 광덕스님의 설법에서 ― 편저자

3. 우리 모두는 마니주의 주인

약 3천여 년 전 어느 날, 인도 영취산에는 그 날도 석가모니부처님의 법석이 이루어져 수천으로 헤아리는 많은 사람들이 모여 있었다. 그 때 부처님은 손에 구슬 한 개를 들고 나오셨다. 이른바 마니주(摩尼珠)다. 부처님은 구슬을 대중 앞에 들어 보이시면서 "이 마니주는 어떤 빛깔을 하고 있느냐?"고 물으셨다.

마니주란 신비한 구슬로 알려지고 있는 이른바 여의주(如意珠)다. 마니주를 가진 자는 무엇이든 막히는 것이 없고 일체를 성취한다고 한다. 물에 들어가도 빠지지 않고 불에 들어가도 타지 않고 일체 조화(造化)가 자재하다는 것이다. 그런데 마니주는 보는 사람에 따라 빛깔이 다르다고도 한다.

그 때에 거기 모인 청중 가운데 맨 앞에 있던 제자들이 일어서서 제각기 말하였다. 어떤 사람은 푸르다고 하고 또 어떤 사람은 붉다고 하고 또 어떤 사람은 누르다고 하는 등 제각기 본 대로 말하였다.

부처님은 이 말을 듣고 나서 이번에는 구슬을 거두어 옷깃 안에 숨기고 두 손을 번쩍 들어 보이며 말씀하셨다.

"자, 이 구슬은 어떤 빛깔을 하고 있는가?"

이 말씀 아래 대중들은 어리둥절했다. 앞서 말했던 제자가 머뭇대다가 말씀드렸다.

"세존이시여. 세존께서는 지금 아무것도 가지고 있지 않사온데 무슨 빛깔이 있다고 하십니까?"

이 때에 부처님은 엄숙히 말씀하셨다.

"그대들은 어쩌면 그다지도 아득한가. 금방 세간의 마니주를 보였을 때는 이말 저말 말이 많더니 이제 진실한 마니주를 보였는데도 아무 말도 못하는구나."

부처님은 빈손을 번쩍 들어 진실한 마니주를 보이셨다. 한 물건 가지지 아니 하였을 때 진실한 마니주가 온전히 드러남을 보여 주셨다. 내가 허물되는 말을 감히 한다면 부처님은 참된 마니주를 보여주신데 그치지 않고 우리 모두가 진실한 마니주 자체임을 가르쳐 주시고 다시 이 마니주를 보라고 눈앞에 들이대며 깨우쳐 주신 것이다.

빈손 번쩍 들어 보이는 가운데에 일체 성취, 일체 자재, 원만구족의 대진리는 전면적으로 드러나 있는 것이다. 부처님을 실로 여기서 만날 수 있는 것이다. 부처님은 그것을 가르쳐 주셨다. 이것을 안다면 우리가 비록 미혹하여 밖으로 진리를 찾아 헤매고 온갖 허망과 죄악을 가득히 붙들고 있다 하더라도 우리의 본래면목(本來面目)은 무진장한 진리광명 그대로인 것도 알 수 있다.

우리는 이 마니주 법문에서 새로이 눈을 뜬다. 우리들이 비록 진리에 미혹하여 우매한 상태로 떨어졌더라도 우리의 본래생명에는 영원불멸, 무한창조의 권능적 위력이 원래로 자약(自若)함을 알게 된다.

그리고 한 생각 돌려 이러한 자기 본성에 눈떠서 스스로의 긍지와 신성과 존엄을 지키고 구김 없이 내어 쓸 것을 생각한다. 동시에 설사 어떤 역경에 부딪쳐 절망적 상황에 빠지더라도 실로는 걸림이 없는 창조의 위력이 언제나 살아 있음을 알게 한다. 그러니 어찌 절망이 있을 수 있겠는가.

마니주로 표현된 근원적 진리는 우리 생명을 끊임없이 흐르고 변함없이 생생하다. 무한의 지혜와 무한의 자비와 무한의 위덕이 원래로 거기 자족하다.

이 신성, 이 존엄은 누가 베풀어 주어서 있는 것이 아니라 본래의 것이고 각자의 모습이다. 이러한 근원 진리 밖에 다른 것이란 없다. 있는 것은 진리뿐이다. 인간과 우주는 이 진리의 전개이며 모습이고 인간은 그 중심인 것이다. 그렇다면 우리의 환경이 좋든 나쁘든 누가 만들어 준 것이 아니라 인간 스스로가 미혹하여 스스로 망령된 경계를 이루었음을 알게 된다. 우리를 둘러싼 환경조건은 바로 우리 마음을 비춘 거울인 것이다. 그렇다면 오직 우리들 자신이 진리에로 바뀜으로써 우리의 환경과 앞날이 밝게 바뀔 것이 아니겠는가.

우리 모두는 마니주의 주인공이다. 스스로가 무한창조의 권능자다.

거룩한 진리의 본성을 깨달아 진리본연의 평화와 자비와 끝없는 번영을 꿈꿔 평화와 발전을 이루어야 할 것이다. 그리고 절망, 비관, 무거운 죄의식과 오만, 대립이 우리의 운명과 역사를 어둡게 만든다는 것을 알아 엄히 경계하여야 할 것이다.

형제들이여, 마니주의 주인공들이여, 태양을 삼킨 밝은 꿈, 줄기찬 정진으로 마니주의 창조력을 유감없이 발휘하자.

※ 경향신문, 1981년 10월 3일(토요일) '주말명상' 난에 실었던 先師의 글입니다. — 편저자

4. 수행에 대한 핵심적인 이해

1) 참선에 대하여

(1) 참선이란

어지러운 마음을 고요하게 하고(寂寂)

어두운 마음을 밝게 하여(惺惺)

그대로(實相) 보고

그대로 생각하고, 그대로 행동하고

그대로 살아가는 진리의 길이다.

(2) 참선의 몸가짐(좌선을 할 때)

첫째, 허리를 곧게 편다.

둘째, 오른 발 위에 왼 발을 올린다.

셋째, 오른 손 위에 왼 손을 올려 마주 댄다.

넷째, 눈은 지그시 반쯤 떠서 내려다본다.

(3) 참선의 숨쉬기

몸과 마음을 편안히 하고

숨을 천천히 배꼽 밑(단전)까지 들이쉬고 내쉰다.

2) 염불(念佛)에 대하여

(1) 염불이란

부처님의 거룩한 이름을 부르고

부처님의 거룩한 공덕을 생각하여

부처님의 마음과 내 마음이

하나가 되게 하는 공부

(2) 염불하는 방법

두 발을 바로 모으고

두 손을 가슴 앞에 합장하고 서서

입으로는 부처님의 이름을 부르고

고요한 마음으로 부처님을 생각한다.

3) 예배(절)에 대하여

절이란

부처님 앞에 엎드리고 고개 숙여서

부처님께 대한 공경심과 믿음이

생기게 하는 수행방법.

4) 참회에 대하여

(1) 참회란

탐내고 성내고 어리석은 마음으로 지은

지나간 잘못을 살피어

다시는 그러한 잘못을 저지르지 않겠다는

마음의 다짐

(2) 참회의 공덕

모든 잘못은 뉘우쳐서

부처님께 절하고 염불하면

마음속에 모든 죄업이 없어지고

깨끗하게 밝은 마음이 생긴다.

5) 오계에 대하여

(1) 계(戒)란

사람이 마땅히 해야 할 일과 해서는 안 될 일을

가려주신 부처님의 말씀으로

생활의 바른 지침이 되는 것이다.

(2) 계를 지키는 공덕

계를 지킴으로 마음이 고요해지고

마음이 고요해 질 때 밝은 지혜가 생긴다.

깨끗한 복이 넘치게 되고 많은 사람이

그를 우러러 보고 칭찬하게 된다.

지나간 잘못에 빠지지 않는

용기있고 슬기로운 사람이 된다.

6) 발원(發願)에 대하여

(1) 발원이란

부처님께 바치는 기도로서

작고 비뚤어지고 어두운 마음을 버리고

부처님과 다름없는 크고 넓고 밝은 마음으로

세상을 살아가려는 마음의 다짐과 바람

(2) 발원의 공덕

어둡고 슬픈 마음이 사라진다.

모든 사람을 돕고 사랑할

크고 넓고 밝은 마음이 생긴다.

부처님과 여러 성인이 보살펴 준다.

7) 공양(供養)에 대하여

(1) 공양이란

재물과 법을 다른 사람에게 베풀어주는 것

또는 대중이 모여 음식을 받아 드는 것

(2) 몸가짐

단정히 앉아서 먹는다.

다른 이야기를 하지 않는다.

음식은 양에 맞게 덜어 먹는다.

음식을 흘리지 않고 깨끗이 먹는다.

(3) 마음가짐

모든 사람에게 감사하는 마음과

이웃에게 베풀어 줄 마음을 갖는다.

삼보의 은혜와

중생의 은혜와

부모님의 은혜와

스승의 은혜를 생각한다.

(4) 공양게송(供養偈頌)

불은상기게(佛恩想起偈 - 배식준비를 갖추어 놓고, 발우를 풀기 전에)

佛生迦毘羅　부처님은　가비라에　탄생하시고

成道摩竭陀　마갈타　　나라에서　성불하시어

說法婆羅奈　파라나　　녹원에서　설법하시고

入滅拘尸那　구시라　　쌍림에서　열반드셨네

오관게(五觀偈 - 배식이 끝나고 공양 직전에)

計功多少　量彼來處　온갖정성　두루쌓인　이공양을

忖己德行　全缺應供　부족한　　덕행으로　감히받누나

防心離過　貪等爲宗　탐심을　　여의어서　허물을막고

正思良藥　爲療形枯　육신을　　지탱하는　약을삼으며
爲成道業　應受此食　도업을　　이루고자　이제먹노라

수발게(收鉢偈 – 공양이 모두 끝나고)
飯食已訖　色充力　　크신은혜　넘치는　　공양받으니
爲振十方　三世雄　　몸과마음　안강하고　청정하여라
回因轉果　不在念　　바라건대　모든중생　고해를벗고
一切衆生　獲神通　　위없는　　보리도를　이뤄지이다

《약식》
대자대비　부처님
크신은혜　이공양
일체중생　발보리
마하반야바라밀다

※ 가족끼리 평소 공양(식사) 때는 약식으로 함.

8) 나를 다스리는 지혜

(1) 나의 행복도 불행도 모두 내 스스로가 짓는 것, 결코 남의 탓이 아니다.

(2) 나의 생명이 소중하듯 모든 생명도 소중한 것이니 어느 때나 상대를 아끼고 보살핀다.

(3) 모든 죄악은 탐욕과 성냄과 어리석음(貪嗔癡)에서 생기는 것,

늘 참고 적은 것으로 만족한다.

(4) 웃는 얼굴, 부드럽고 진실된 말로 남을 대하고 항상 베푸는 마음으로 산다.

(5) 나의 바른 삶이 나라를 위하는 일임을 깊이 새길 것이며, 나를 아끼듯 부모를 섬긴다.

(6) 어른을 공경하고 아랫사람을 사랑할 것이며 어려운 이웃들에게 따뜻한 정을 베푼다.

(7) 내가 지은 모든 선악의 결과는 반드시 내가 받게 되는 것〔自業自得〕, 순간순간을 후회 없이 산다.

(8) 하루 세 번 이상 자신을 돌아보고 남을 미워하기보다는 내가 참회하는 마음으로 산다.

9) 기도진언(부처님께 절할 때)

"대자대비 부처님께서는 일체중생을 인도하시고 가호하시고 원만하시옵니다.

부처님, 감사합니다. 참으로 감사합니다.

원일체지성취(願一切智成就) 사바하

나무 마하반야바라밀다

나무 석가모니불 나무 석가모니불

나무 시아본사 석가모니불

(위의 내용을 입으로 외우되 뜻을 향하면서 부처님께 절을 한다.)

5

보현도량 의식문

儀式門

1. 식당작법

공양게송(供養偈頌)

불은상기게(佛恩想起偈)

(배식준비를 갖추어 놓고, 발우를 풀기 전에, 가정에서는 상을 다 차려 놓
은 뒤 가족이 모두 자리에 앉아서)

佛生迦毘羅　부처님은　가비라에　탄생하시고
成道摩竭陀　마갈타　　나라에서　성불하시어
說法婆羅奈　파라나　　녹원에서　설법하시고
入滅拘尸那　구시라　　쌍림에서　열반드셨네

오관게(五觀偈)

(배식이 끝나고 공양 직전에, 가정에서는 앞의 불은상기게에 이어서)

計功多少　量彼來處　온갖정성　두루쌓인　이– 공양을
忖己德行　全缺應供　부족한　　덕행으로　감히받누나
防心離過　貪等爲宗　탐심을　　여의어서　허물을막고
正思良藥　爲療形枯　육신을　　지탱하는　약을삼으며
爲成道業　應受此食　도업을　　이루고자　이제먹노라

(오관게가 끝나면 바로 공양함)

수발게(收鉢偈) (공양이 모두 끝난 뒤)

飯食已訖 色充力　크신은혜　넘치는　공양받으니

爲振十方 三世雄　몸과마음　안강하고　청정하여라

回因轉果 不在念　바라건대　모든중생　고해를벗고

一切衆生 獲神通　위 -없는　보리도를　이뤄지이다

약식공양게

대자대비　부처님

크신은혜　이공양

일체중생　발보리

마하반야바라밀다

◎ 약식(略式) 뜻풀이 : 대자대비이신 부처님의 크신 은혜로 이 공양을 받습니다. 바라옵건대 일체중생이 모두 보리심을 발하여 무상도를 이루어지이다

※ 가족끼리 평소 공양(식사) 때는 약식으로 함.

2. 불교화혼식

1) 불교화혼식의 유래 - 연꽃 다섯 송이와 두 송이의 인연담

우리 부처님께서 과거 아득한 구원겁(久遠劫) 전, 선혜선인(善慧仙人)이었을 때, 그 나라에는 등조왕이라는 임금과 보광불이라는 부처님이 계셨다. 등조왕은 보광불께 꽃공양을 올리기 위해 모든 백성에게 사사로운 꽃 매매를 금지시키고 나라의 모든 꽃은 임금에게 바쳐 부처님께 꽃공양을 올리게 하라는 명령을 내렸다. 그때 어느 산중에 구리라는 선녀가 칠경화라고 이름하는 귀한 꽃을 가지고 있었는데 나라의 명령을 두려워하여 그 꽃을 병 속에 감추어 두었다.

선인은 산 속에서 수행하다가 등조왕이 부처님께 꽃공양을 올리기 위해 나라의 모든 꽃을 모아 들여 헌화 준비를 한다는 말을 전해 듣고 자기도 신심이 크게 일어나 지성으로 아름다운 꽃을 구하기 위해 여기저기 다녔다. 마침 선녀에게 칠경화가 있다는 말을 전해 듣고 그녀를 찾아가니, 서로 만나자 말자 선인의 지성 감응으로 선녀가 감추어 두었던 꽃이 저절로 피어나 병 밖으로 그 아름다운 모습이 솟아올랐다. 그것을 보게 된 선인은 선녀에게 그 꽃을 자기에게 팔 것을 제안했다. 선녀는 병 속의 꽃이 선인을 만나는 순간에 밖으로 피어 나옴을 신기하게 여기면서도 주저하여 말하기를 "이 꽃은 대왕에게 바쳐 부처님께 공양을 올릴 물건입니다"라고 하며 거절하였다.

그러나 선인은 조금도 물러서지 않고 거듭 꽃을 팔라고 간청하면서 꽃값이 얼마냐고 자꾸만 물었다. 선녀는 그 꽃을 끝내 팔지 않을 작정으로 꽃값을 한 송이에 은전 백냥이라고 아주 비싼 값으로 둘러대 말했다. 그러자 선혜선인은 아무런 주저나 망설임 없이 선뜻 오백냥을 내어주며 다섯 송이만 달라고 하였다. 선녀는 선인의 그러한 지성에 깊이 감복되어 이 꽃을 팔기는 하겠으나, 세세생생 자기와 더불어 부부 되기를 조건으로 내세웠다. 이에 선인이 대답하되 "나는 도를 닦는 사람이라 다시 나고 죽는 생사의 인연을 맺을 수 없다"고 거절하니 선녀는 사실이 그러하면 이 꽃을 선인에게 팔 수가 없다고 딱 잘라 거절했다.

선인은 도저히 어찌할 수 없어 다시 선녀에게, "그대의 소원이 그러하다면 나도 소원이 한 가지 있노라. 후일 우리가 함께 부부가 된 연후에 내가 무엇이든지 하고자 하는 일에 대하여, 특히 보시나 지혜 등 보살행을 닦을 때 신체와 국성, 처자나 재산 등 모든 것을 다 보시할지라도 결코 방해를 하지 않겠느냐?" 하고 물었다.

선녀는 그 말을 듣고 크게 기뻐하며 당신이 하는 일은 무엇이든 방해를 하지 않으리라 맹세한 후 나머지 두 송이 꽃마저 선인에게 내어주며 이것은 나의 이 발원으로 보광부처님께 대신 올려달라고 부탁하였다.

선인은 즉시 부처님을 찾아가 가지고 온 칠경화를 부처님의 머리 위에 뿌렸다. 왕과 대신들이 뿌린 꽃들은 모두 땅으로 떨어졌으나, 선인이 뿌린 칠경화 만이 공중에 머물러 넓고 큰 화대(花臺)를 지어 부처님을 꽃으로 감싸고 덮었다. 이 거룩한 장면을 보게 된 왕과 백성들은 모두 깜짝 놀랐다. 이때 보광불은 선인에게 수기로 말씀했다. "그대는 이 인연 공덕으로 오는 세상 미래세에 성불하여 그 이름을 석가모니라고 부를 것이니라"라고 하셨다.

그리하여 그때 선혜선인은 우리의 석가모니부처님이 되셨고, 구리선녀는 부처님의 출가 전 세속의 부인인 아쇼다라라비(妃)가 되었다.

이와 같은 부처님의 과거생 인연에 근거하여 오늘날 불자들의 부부 인연이 비롯된 것이다. 이 부부인연은 도를 함께 닦는다라고 하는 도반(道伴)의 약속이 내포되어 있다는 것을 알고 크게 깨우치고 자랑스러워 해야 한다. 그러하기에 이제 모든 재가불자는 부처님의 수행시절 행적을 그대로 본받아 부부로 살되 도반이 되어 이 세상에 진리의 빛으로 살아가기를 굳게 다짐하고 약속해야 한다.

『불본행집경(佛本行集經)』에서

2) 화혼식순

(1) 개식선언 : 지금부터 신랑 우바새 ○○○군과 신부 우바이 ○○○양의 화혼식을 거행하겠습니다.

(절에서 할 때는 종을 다섯 번 치든지 목탁을 세 번 친다.)

(2) 주례임석 : 주례법사 스님(또는법사)으로는 ＿＿＿＿으로 계시는 ○○○께서 임석하시겠습니다.

(3) 신랑입장 : 신랑 우바새 ○○○군이 입장하겠습니다.

(4) 신부입장 : 신부 우바이 ○○○양이 입장하겠습니다.

(5) 삼 귀 의 : 양가의 여러 어르신들과 만장하신 내빈 여러분!

주인공인 신랑 우바새 ○○○군과 신부 우바이 ○○○양이 백년가약을 맺는 경사스러움을 부처님께 아뢰고 또 축복을 내려 주시기를 청하는 삼귀의례 순서입니다. 다같이 잠시 자리에서 일어나 두 손을 가슴에 모아 합장해 주시면 감사하겠습니다.(아래 둘 중 택일)

(가, 오늘 주례법사 ○○스님의 선창을 따라 모두 제창하면서 세 차례 경배를 해주시기 바랍니다.)

(나, 그러면 반주에 맞추어 삼귀의를 노래로 하겠습니다.)

(6) 축원문 : 여러분 대단히 감사합니다.

다음은 주례법사 ○○스님께서 오늘의 성스러운 경사를 부처님께 아뢰고 복과 지혜를 내려주시기를 청하는 축원문 봉독의 순서입니다. 불편하시겠지만 잠깐 동안만 더 일어선 그대로 합장하시고 고개를 숙여 오늘 두 사람의 앞날을 지성껏 축복해 주시면 감사하겠습니다.

주례가 올리는 축원문

대자대비 본사 석가모니 부처님 세존 전에 병법 사문은 계수 하옵고 삼가 아뢰옵니다. 자비의 구름이 온 누리를 두루 덥고 신령한 광명이 널리 빛나 길이 미혹의 어둠을 밝히는 이날, 동양 대한민국 (서울특별시) ＿＿＿＿ 청정 도량에서 우바새 ○○○군과 우바이 ○○○양이 결혼의 예의를 올리옵니다. 삼가 여래 인행 시의 옛일을 따르옵고 함께 무상대도를 이루기를 간절히 원하옵니다.

일심정성으로 일곱 송이의 꽃을 헌공하옵고 다시 엎드려 간절히 청하옵나니 시방세계 일체 부처님께서는 증명하시옵소서. 거듭 우러러 바라옵나니 지극하신 자비로써 섭수하시오며 묘한 위신력으로 가피하시사 이들의 마음과 마음이 서로 계합하고 귀틀이 서로 합하며 금슬이 화애하고 믿음과 행이 두루 온전하여 무상대도에 귀의하옵고 망극하신 크신 은혜를 갚아지이다.

나무 마하반야바라밀다

〈나무석가모니불(3설)〉

(7) 신랑신부 맞절 : 신랑 신부가 서로 인사할 차례입니다. 신랑 신부는 서로 마주보는 자세로 서주시기 바랍니다.

(이 때 주례가 구령 ― 신랑, 신부 맞절)

(8) 신랑신부, 부처님께 헌화 : 이제 신랑 신부가 두 사람의 정성

을 합하여 부처님께 고귀한 꽃다발 을 정성껏 올리겠습니다.

■ 미리 꽃 다섯 송이와 두 송이로 된 꽃다발을 준비한다. 주례로부터 말씀이 계시면 먼저 다섯 송이의 꽃을 화동이 들고 신부에게 전해준다. 신부는 눈썹 높이로 꽃을 두 손으로 받들고 그대로 서 있는다. 이 때 주례는 헌화사를 낭독한다. 주례의 헌화사가 끝나면, 신랑이 한 걸음 다가가 눈높이에서 그대로 받는다. 신랑은 두 손으로 꽃을 건네받은 후 주례께 머리 위로 받들어 올린다. 그러면 주례는 그 꽃을 부처님 전에 올린다.

나머지 두 송이의 꽃다발도 같은 요령으로 하되 신부가 신랑에게 꽃을 전해줄 때 신부가 신랑에게 한 발 다가간다.

【요령】

1. 다섯 송이 : 화동 – 신부는 받들고 서 있고 – 신랑이 다가가서 받음 – 주례 – 부처님전 왼쪽

2. 두 송이 : 화동 – 신부는 꽃을 들고 신랑에게 다가가서 전함 – 신랑 – 주례 – 부처님전 오른쪽

(법당이 아니고 일반 예식장일 경우에는 주례가 꽃을 받아 보관하였다가 절에 돌아와서 부처님 전에 바침.)

주례의 헌화사

가, 이 꽃. 신부 가슴에 간직된 다섯송이의 꽃은 오늘의 두 사람이 이 땅에 오기 전 아득히 머나먼 겁, 한 생명 가꿀 뜻을 세우고 깊

이 간직했던 것으로 이제 그 세운바 뜻이 불보살님의 가호를 입어 지금 이 자리에 피어났습니다. 이제 두 사람이 금생에 다시 본 뜻을 실현하고자 결혼으로서 그 뜻을 확인하매 이제 신랑은 신부에게 간직된 꽃을 받아서 부처님께 올리겠습니다.

나, 이 꽃. 신부에게 간직된 꽃은 신부에게 간직된 나머지 그 모두입니다. 오늘 결혼을 통해서 두 사람의 기나긴 과거의 큰 꿈을 이루고자, 이제 그 나머지 꽃을 신랑의 손을 거쳐서 부처님께 올림으로써 두 분의 밝은 뜻을 부처님 앞에 아뢰고 증명하여 주심을 감사 올리겠습니다.

(9) 혼인서약 : 주례법사를 따라 오늘의 두 주인공이 서로 굳은 약속을 하는 혼인서약의 순서입니다.

가, 신랑에게 :

나, 신부에게 :

(주례법사께서 신랑, 그리고 신부에게 각각 물어보시면 이때 신랑, 신부는 주례법사께 동시에 허리를 굽혀 반배로 절하며 "예" 하고 또렷하고 자신있게 함께 동시에 대답한다.)

주례의 혼인서약

가, 두 사람 오늘의 이 만남은 금생에 시작된 것이 아니라 머나먼 과거생 인연의 결실이며, 그 사이에 불보살님의 지극하신 가호와 인도하심이 함께 하고 있었습니다. 이제 두 사람은 서로가 원만하

고 구족한 것을 깊이 믿어서 서로 지극한 마음으로 존중하고 시종
여일하여야 하겠습니다.

"능히 행할 것을 맹세합니까?"

나, 두 사람이 부처님의 가르침을 배워 그 가르침에 따라서 스스
로의 꿈을 실현한다고 하는 이것은, 가장 먼저 양가의 부모님 모시
기를 부처님 섬기는 것으로써 시작이 되어야 하겠습니다. 아울러
부처님의 가르침을 받들어 행하고 정결한 집안의 범절을 세우는 데
있어서 정성을 다해야 하겠습니다.

"능히 행할 것을 맹세합니까?"

다, 두 분은 몸은 각각이로되 실로 결혼을 통해서 하나의 생명,
하나의 인격을 이루는 관계에 이르렀습니다. 앞으로 살아가는데 있
어서 기쁜 일이나 슬픈 일이나 괴로울 때나 즐거울 때나, 서로 존중
하고 사랑하고 헌신적으로 서로 받들어서 진실한 부부의 도를 다하
고 마침내 나라와 사회의 발전에 견고한 기초가 될 것을 마음속에
다짐하여야 하겠습니다.

"능히 행할 것을 맹세합니까?"

(10) 성혼선언 : 주례법사님으로부터 오늘의 이 거룩한 화혼이 원
만히 이루어졌음을 모든 이웃에게 고하는 성혼선언이 있겠습니다.

주례의 성혼선언

이 자리를 함께하신 내외 귀빈 여러분!

오늘 신랑 우바새 ○○○군과 신부 우바이 ○○○양은 불보살님께서 증명하시고, 그 부모님과 일가친척이 엄숙히 지켜보시는 가운데 일생동안 고락을 함께 할 부부가 될 것을 굳게 맹세하였습니다.

이에 본 주례는 두 사람의 결혼이 원만하게 이루어졌음을 선언합니다.

(11) 주례사 : 주례법사님으로부터 두 사람의 앞날을 밝게 열어가는 희망의 법음을 열어 주시겠습니다. (주례가 별도 준비 함)

(12) 축　가 : 없을 경우 생략

(13) 신랑, 신부 내빈께 인사

(14) 신랑, 신부 행진

(15) 폐식선언 : 이것으로 신랑 ○○○군과 신부 ○○○양의 화혼식을 모두 마치겠습니다.

※ 결혼은 두 남녀의 성적 결합인 동시에 두 가정이 친척으로의 결합이기도 하다. 결혼식은 그 성적 결합의 공증과 축복을 기원하는 인생의 중요한 형식이 된다. 공증의 권위와 축복의 의미는 참가한 일가친지들과 빈객들의 축하와 흥겨움에서 얻을 수 있다.

결혼식이 끝나고 다시 별실에서 행하는 폐백은 생략한다. 원래의 뜻에 맞지도 않는다. 다만 신혼여행 다녀와서 양가 부모님을 찾아뵙고 인사드리면 된다. 결혼식이 끝나면 바로 신혼여행을 떠나는 것이 좋다.

　폐백은 견구고례(見舅姑禮)라고 하여 시부모가 주체가 되어야 한다. 시부모는 안방에 소반상을 하나 놓고 그 위에 밤과 대추를 올려 놓는다. 그것으로 차림은 훌륭하다. 대추는 며느리가 아침 일찍 일어난다는 뜻이 있다. 즉 건강한 삶을 다짐하고 약속하는 것이고, 밤은 두려워 떤다고 하는 뜻이다. 며느리가 집안의 법도를 함부로 바꾸거나 소홀하게 하지 않고 소중히 하는 새로운 삶의 깊은 이해를 가지는 뜻이 된다.

　그리고 결혼식은 반드시 낮이 아니어도 좋다. 저녁이나 오후 늦은 시간에 치루어도 된다는 말이다. 사실 결혼식은 낮의 축제가 아니라 밤의 축제이다. 그러므로 평일날 밤이나 오후에 하는 것이 매우 좋다.

3. 가정제례의식(명절차례 · 기제사)

위패를 모시고 제물(祭物)을 진설한 뒤 일주향을 올리고 참석자들 모두 꿇어앉은 상태에서 방문을 열어 놓고 인례는 자리에서 일어나 집전한다. 가능하다면 목탁에 맞추어 진행하면 더욱 좋다.

【입정(入定)】- 인례는 차수하거나 합장하고 일어서서 "먼저 입정하시겠습니다"라고 아뢴다.

※ 참석자는 다같이 꿇어앉아서 입정

【십념(十念)】- 인례는 "다같이 합장하시고 십념하시겠습니다"라고 아뢴다.

※ 다 함께 꿇어앉아서 게송낭독 형식으로 십념함

청정법신 비로자나불　　　清淨法身毘盧蔗那佛

원만보신 노사나불　　　圓滿報身盧舍那佛

천백억화신 석가모니불　　　千百億化身釋迦牟尼佛

구품도사 아미타불　　　九品導師阿彌陀佛

당래하생 미륵존불　　　當來下生彌勒尊佛

시방삼세 일체제불	十方三世一切諸佛
시방삼세 일체존법	十方三世一切尊法
대성 문수사리보살	大聖文殊師利菩薩
대행 보현보살	大行普賢菩薩
대비 관세음보살	大悲觀世音菩薩
대원본존 지장보살	大願本尊地藏菩薩
제존보살 마하살	諸尊菩薩摩訶薩
마하반야바라밀	摩訶般若波羅蜜 (반배)

【봉향찬(奉香讚)】 – 인례가 낭송함 (대중은 무릎 꿇고 합장함.)

일심지성 기울여 –   향을사르니

향 – 구름 걸림없이   널리퍼지매

거룩하온 덕성은 –   밝게빛나고

부처님의 크신은덕   넘치시나니

이르는 – 곳곳마다   상서일어라. (반배)

저희이제   지성바쳐   공양하오며

거룩하온   미묘경전   굴리옵나니

자비하신   부처님의   위신력입어

금일영가   대보리를   이뤄지이다. (반배)

※ 여기까지 참석자는 꿇어앉음

【정례(頂禮)】- 인례는 "다같이 일어나서 삼배 올리겠습니다"라고 아뢴다.

※ 다같이 일어서서 인례가 하는 창에 따라 큰절 삼배함

나무향운개보살마하살(南無香雲蓋菩薩摩訶薩) -삼청삼배
- 인례의 창에 따라 3배 후, 인례는 "모두 꿇어앉으시겠습니다"라고 아뢴다.

※ 꿇어앉은 상태에서 인례가 아래의 삼청을 함

"일심정례 성덕묘고 대원적주(一心頂禮 聖德妙高 大圓寂主)
 망(부·모, 또는 모시는 분) ○○후인(유인) ○公(氏) ○○영가"
(3청)

- 삼청이 끝난 뒤 인례는 "다같이 일어나서 두 번 큰절한 뒤, 다시 꿇어앉아서 함께 염불하시겠습니다"라고 아뢴다. 물론 몸이 불편하면 편한 자세로 염불한다.

정구업진언(淨口業眞言)
수리수리 마하수리 수수리 사바하 (3번)

정신업진언(淨身業眞言)
옴 수다리 수다리 수마리 수마리 사바하 (3번)

오방내외안위제신진언(五方內外安慰諸神眞言)

나무 사만다 못다남 옴 도로도로 지미 사바하 (3번)

개경게(開經偈)

위-없이 심히깊은 미묘법이여

백-천- 만겁인들 어찌만나리

내-이제 보고듣고 받아지니니

부처님의 진실한뜻 알아지이다.

개법장진언(開法藏眞言)

옴 아라남 아라다 (3번)

【반야심경(般若心經)】

마하반야바라밀다심경(摩訶般若波羅蜜多心經)

관자재보살 깊은 반야바라밀다 할 적 오온 공함 비춰봐 일체고액 건너라.

사리자여, 색이 공과 다르지 않고, 공이 색과 다르지 않아 색 곧 공이요 공 곧 색이니, 수·상·행·식 역시 이럴러라. 사리자여, 이 모든 법 공한 상은 나지도 않고, 멸하지도 않고, 더럽지도 않고 깨끗하지도 않고, 늘지도 않고, 줄지도 않나니 이 까닭에 공 가운데 색 없어, 수·상·행·식 없고 안·이·비·설·신·의 없어 색·

성·향·미·촉·법 없되, 안계 없고 의식계까지 없다. 무명 없되 무명 다 됨 역시 없으며, 노사까지도 없되 노사 다 됨 역시 없고, 고·집·멸·도 없으며 슬기 없어 얻음 없나니,

얻을 바 없으므로 보리살타가 반야바라밀다 의지하는 까닭에 마음 걸림 없고, 걸림 없는 까닭에 두려움 없어, 휘둘린 생각 멀리 떠나 구경열반이며, 삼세제불도 반야바라밀다 의지한 까닭에 아뇩다라삼먁삼보리 얻었나니,

이 까닭에 반야바라밀다는 이 큰 신기로운 주며, 이 큰 밝은 주며, 이 위없는 주며, 이 등에 등 없는 주임을 알라. 능히 일체고액을 없애고 진실하여 헛되지 않기에 짐짓 반야바라밀다주를 설하노니 이르되, "아제아제 바라아제 바라승아제 모제사바하" (3번)

※ 경전을 더 읽고자 하면 이어서 계속 독경함.

【헌다게(獻茶偈)】— 인례가 게송 낭독 형식으로 창하고 대중은 무릎 꿇고 합장함.

향기로운 백초림 — 신선한맛을
조주스님 몇천번을 권하였던가
돌솥에 — 강심수 — 고이달여서
영가님 — 앞앞마다 드리옵나니
작은정성 거두시어 받아드시고
밝은마음 가득하여 안락하소서.

※영반(靈飯) 뚜껑을 열어 숟가락을 잎이 안쪽으로 향하게 꽂고 수저는 끝을 가지런히 하여 진수(珍羞)에 건 뒤, 제주가 먼저 잔 올리고 절하면 이어서 차례로 잔 올리고 절함 (절은 큰절 두 번 함. 부부나 항렬이 같은 형제자매는 같이 올리면 좋음. 특히 영가님 전에 절할 때는 합장하고 부처님께 절하는 방법으로 하면 매우 좋음. 불교식의 절은 축원을 온 몸으로 하는 뜻을 가지고 있음.)

【권공소(勸供疏)】 – 인례·대중이 다함께 무릎 꿇고 권공소와 가지소까지 독경식으로 염불함.

제가이제 비밀한말 베푸옵나니
부처님의 미묘법문 위신력받아
몸과마음 윤택하고 모든업쉬어
모든고통 벗어나서 해탈하소서.

변식진언(變食眞言)
나막 살바다타아다 바로기제 옴 삼바라 삼바라 훔 (3번)

시감로수진언(施甘露水眞言)
나무 소로바야 다타 아다야 다냐타
옴 소로소로 바라소로 바라소로 사바하 (3번)

보공양진언(普供養眞言)

옴 아아나 삼바바 바아라 훔 (3번)

시귀식진언(施鬼食眞言)

옴 미기미기 야야미기 사바하 (3번)

【가지소(加持疏)】

바라건대　법다운－　이공양이여
시방국토　두루두루　넘칠지어라
영가님들　고루고루　반겨드시고
아미타－　극락세계　태어나소서. (반배)

※ 국(羹)을 내리고 숭늉을 올린 다음 숭늉에 밥을 세 번 떠서 부드럽게
(덩어리가 없게) 말아 정성껏 다시 올린다. 진수(珍羞)에 놓여 있던 저를
다른 진수에 저의 끝을 가지런히 맞추어 옮긴 뒤, 제주가 분향, 헌작한 뒤
절을 하면 대중은 다함께 따라서 모두 큰절 두 번씩 함.

【축원문(祝願文)】－인례가 낭송하고 대중은 꿇어앉아서 합장함.

저희들　우러러－　일심기울여
대원적　○○○님　생각하올때

천품이   어지시고 밝으시옵고
성인의   크신뜻을 받드셨어라
덕성은   온이웃에 널리떨쳤고
정행은   불보살을 본받으시니
온천지가 받드는-   덕본이시라
세간의   인연이-   다하시오매
무상이   소리없이 찾아드니-
번뇌몸   집착없이 시원히벗고
극락국   구품연대 이르셨어라
저희들   ○○들은   눈물삼키고
크신은덕 새기며   감격하여서
자용을   우러러   망극합니다
저희들이 불보살님 크신성호를
일심지성 기울여서 봉송하오며
미성다한 진수다과 올리옵나니
해탈식   법식으로 거둬주시사
대보리   연화좌에 자재하소서.

【염불(念佛)】-인례와 대중이 함께 염불함.
나무 삼세불모 성취만법 무애위덕 마하반야바라밀… (21편)

저희들이 지은바-   이-공덕이

일체의- 중생들의 공덕이되어
모든중생 빠짐없이 성불하옵고
위-없는 불국토를 이뤄지이다.

-인례는 "모두 자리에서 일어나 봉송인사로 다함께 큰절 두 번
하시겠습니다"라고 아뢴다.

【봉송(奉送)】-절이 끝난 뒤, 인례가 낭송하고 대중은 일어서서
합장함.

상래에- 초청하온 영가이시여
부처님의 법력빌어 내림하여서
법다운- 공양받고 법문들으니
이제-- 극락국에 이르옵소서. (반배)

고혼이여 망령이여 영가들이여
삼도의- 유정이여 잘들가시라
다른날에 다시또한 청하오리니
본래서원 잊지말고 다시오시라. (반배)

※ 제사 끝남

상품상생진언(上品上生眞言) -인례가 혼자 밖에서 위패를 사르며

옴 마리다리 훔훔 바탁 사바하(3번)

※ 대중은 음복하며 고인의 유덕을 기림.

※ 참고 : 위패 쓰는 방법

예) 홍길동 집안

① 아버지인 경우

　　亡嚴父 南陽後人 洪公 萬重 靈駕

② 어머니인 경우

　　亡慈母 慶州孺人 崔氏 末子 靈駕

③ 할아버지인 경우

　　亡祖父 南陽後人 洪公 判書 靈駕

④ 할머니인 경우

　　亡祖母 安東孺人 金氏 慶子 靈駕

⑤ 형인 경우

　　亡舍兄 南陽後人 洪公 喆童 靈駕

⑥ 누이인 경우

　　亡舍妹 南陽孺人 洪氏 達子 靈駕

4. 사경의식작법

一. 삼귀의례 (여럿이서 게송으로 할 경우에는 '선창후화(先唱後和)'나 노래로 할 때는 동시에 다함께 부른다.)

<table>
<tr><td colspan="2">[게송]</td><td>[노래]</td></tr>
<tr><td>귀의불 양족존(歸依佛 兩足尊)</td><td></td><td>거룩한 부처님께 귀의합니다.</td></tr>
<tr><td>귀의법 이욕존(歸依法 離欲尊)</td><td></td><td>거룩한 가르침에 귀의합니다.</td></tr>
<tr><td>귀의승 중중존(歸依僧 衆中尊)</td><td></td><td>거룩한 스님들께 귀의합니다.</td></tr>
</table>

一. 공양게 (집에서 사경할 때는 일주 향을 피워 올리고 난 뒤 게송을 낭송하나, 사무실이나 기타의 장소에서는 마음 향으로 대신하고 게송을 낭송한다. 또는 게송도 속으로 하거나 생략가능 함)

일심으로	향과꽃 –	구름일구어
시방세계	부처님과	무진법문과
삼승사과	승보님께	공양하오니
크 – 옵신	자비로써	거둬주소서

一. 정례 (대중과 함께일 때는 선창후화의 격식이나, 혼자일 때는 이어서 낭송함)

일심정례	본사세존	석가모니불(절)
일심정례	시방삼세	상주불보(절)
일심정례	시방삼세	상주법보(절)
일심정례	일체보살	제현성승(절)
일심정례	시방삼세	상주승보(절)

一. 염불(다함께)

나무 삼계대사 사생자부 시아본사 석가모니불…(21염 또는 무수 염)

빛나올사	거룩하신	석가모니불
시방세계	무엇으로	견주어보리
이-세간	모든것을	다보았지만
부처님만	하온어른	다시없어라.

一. 발원 (대표자 또는 다함께-낭송 형식으로)

대자대비	윤택한-	지혜의물과
거룩하온	능엄정을	먹으로하고
넓고깊은	서원을-	붓으로하여
견고하온	믿음의-	청정지위에
마하반야	법신문자	서사합니다.
이문자는	삼세불의	진실몸이니
모든공덕	빠짐없이	구족합니다

바라건대   사경하는   이공덕으로
시방세계   중생들이   모두다함께
무시이래   지은죄장   소멸되옵고
위-없는   큰법문을   얻어지이다
몸과마음   청정하고   보리빛나고
복과지혜   구족하게   장엄하오며
보현행원   원만하게   이룩하여서
모든중생   함께성불   하여지이다
나무마하반야바라밀.

一. 반야심경 봉독

마하반야바라밀다심경(摩訶般若波羅蜜多心經)

관자재보살 깊은 반야바라밀다 할 적 오온 공함 비춰봐 일체고액 건너라.

사리자여, 색이 공과 다르지 않고, 공이 색과 다르지 않아 색 곧 공이요 공 곧 색이니, 수·상·행·식 역시 이럴러라. 사리자여, 이 모든 법 공한 상은 나지도 않고, 멸하지도 않고, 더럽지도 않고 깨끗하지도 않고, 늘지도 않고, 줄지도 않나니 이 까닭에 공 가운데 색 없어, 수·상·행·식 없고 안·이·비·설·신·의 없어 색·

성·향·미·촉·법 없되, 안계 없고 의식계까지 없다. 무명 없되 무명 다 됨 역시 없으며, 노사까지도 없되 노사 다 됨 역시 없고, 고·집·멸·도 없으며 슬기 없어 얻음 없나니,

얻을 바 없으므로 보리살타가 반야바라밀다 의지하는 까닭에 마음 걸림 없고, 걸림 없는 까닭에 두려움 없어, 휘둘린 생각 멀리 떠나 구경열반이며, 삼세제불도 반야바라밀다 의지한 까닭에 아뇩다라삼먁삼보리 얻었나니,

이 까닭에 반야바라밀다는 이 큰 신기로운 주며, 이 큰 밝은 주며, 이 위없는 주며, 이 등에 등 없는 주임을 알라. 능히 일체고액을 없애고 진실하여 헛되지 않기에 짐짓 반야바라밀다주를 설하노니 이르되, "아제아제 바라아제 바라승아제 모제사바하" (3번)

一. 사경 시작 (죽비 3성으로 사경시작을 알림. 또는 목탁3타도 가능)

一. 사경 끝남 (죽비 3성으로 끝남을 알림. 또는 목탁3타도 가능)

一. 사은명(다함께 낭송으로)
평화한 천하　　나라님 은혜
나아 기르신　　부모님 은혜
함께 도웁신　　중생님 은혜
정법 빛내신　　삼보님 은혜
「마음에 새겨 잊지 않으리. 마음에 새겨 잊지 않으리. 마음에 새

겨 잇지 않으리.」

一. 회향(다함께 낭송으로)

저희들이　　　지은바 –　　　이 – 공덕이
일체의 –　　　중생들의　　　공덕이되어
모든중생　　　빠짐없이　　　성불하옵고
위 – 없는　　　불국토를　　　이뤄지이다.
나무마하반야바라밀

5. 세알법회

과거에는 설날에 세알법회를 봉행했지만 요즘은 신년에 한다.

순서

1) 송 주(천수경 독송)

2) 통 알

3) 권 공

4) 축 원

5) 시 식

※ 동참 대중은 천수경 독송 끝나면 이어서 전 대중이 통알을 한다. 그때 인례자가 대중을 향해 "세알 아뢰옵니다" 하고 알린다.

통알이 끝나고 대중은 모두 권공을 하는데 정법계진언부터 시작하여 축원 올리고 심경봉독까지 마친다.

이어서 대중은 법상을 차리고 청법가를 한 뒤 조실(법주–도피안사 경우, 또는 사주)스님께서 등단했을 때 큰절 세 번으로 세배한다.

바로 하례사를 하고 끝나면 영단 시식한다.

연 향 게

일심-향　한대높이　솟으니
온-천지　푸른하늘　밝게 열려라
향운이-　온국토에　널리 퍼지니
대자대비　삼보님-　강림하시고
모든중생　오분법신　이뤄지이다 (반배)

　나무 상주시방불 (반배)
　나무 상주시방법 (반배)
　나무 상주시방승 (반배)

시방세계　화장찰해　미진수　　부처님과
원만하온　수다라의　한량없는　큰법문과
보살들과　현성들께　지성바쳐　절하오며
저희이제　사부중과　나라위해　원하오니
자비하신　삼보시여　가호를　　내리소서 (반배)

　나무 금강회상 불보살 (낭송 3번-반배 세 번)

표 백(表 白)

옥호광명	온천지에	두루빛나고
금색광명	무궁토록	항상빛나라
크신지혜	크신덕상	정변지님께
우러르고	귀의하고	예경합니다.
시회대중	정성다해	계수하오며
거룩하신	명호를	칭양합니다
바랍노니	부처님의	은덕을입어
현전하는	대중의	師尊四親과
일문의	권속들이	안강하오며
부처님의	크신법문	두루배워서
수명은	천만세고	복은바다며
지혜덕은	더욱크게	이뤄지이다
온천하	금혁소리	길이끊이고
나라와	세계는	평화하오며
아름다운	덕풍은	언제나불고
크신지혜	태양은	빛나지이다

나무 금강무량수여래 인왕보살마하살 (반배)

마하반야바라밀 (반배)

통 알(通 謁)

인례만 창을 하고 대중은 마지막 부문 '세알삼배'를 다같이 송하면서 절함

伏請大衆	一大敎主	釋迦世尊 前	歲謁三拜
伏請大衆	十方三世	一切佛寶 前	歲謁三拜
伏請大衆	敎理行果	一切法寶 前	歲謁三拜
伏請大衆	點燈心法	가섭 · 아난 양대존자전	歲謁三拜
伏請大衆	樹法東土	달마 · 혜능 양대조사전	歲謁三拜
伏請大衆	槿域法丁	원효 · 의상 양대조사전	歲謁三拜
伏請大衆	護法輔衆	보조 · 서산 양대조사전	歲謁三拜
伏請大衆	大覺淨土	용성 · 동산 양대조사전	歲謁三拜
伏請大衆	大覺禪定	소천 · 퇴옹 양대조사전	歲謁三拜
伏請大衆	救國救世	금하조사전	歲謁三拜
伏請大衆	大小禪敎	一切僧寶前	歲謁三拜
伏請大衆	天仙地祇	冥府十王前	歲謁三拜
伏請大衆	金剛明王	護法善神前	歲謁三拜
伏請大衆	比寺創建	有緣一切功德主前	歲謁三拜
伏請大衆	存亡師親	遠近親戚前	歲謁三拜
伏請大衆	十類三途	一切孤魂前	歲謁三拜
伏請大衆	同住道伴	合院大衆前	歲謁三拜

※ 세알시식은 此寺 創建 功德主와 一切哀魂 靈駕를 위하고 아울

러 모든 同參者와 함께한다. 이와 같은 때는 別座伏爲(寺中)가 되어
서 먼저 院主나 別座가 분향·헌작 재배한다.(별좌가 가사를 벗고)
그 다음 신도들 순서로 차례로 계속된다.

 - 참고로 寺中 시식이 이루어지는 날은 일년 중에 四明日이라고
해서 다음과 같다. -

　1) 정월(세알법회)
　2) 초파일
　3) 우란분일
　4) 성도일

(일반적으로 세알법회와 우란분일을 사중시식으로 한다. 그리고 초파일
이나 성도광명일에는 사중시식은 않는 것이 좋고 현재 대부분의 절에서
그렇게 하고 있다.)

6. 사월초파일 욕불의식

초파일 봉축법요식이 끝난 뒤 (혹은 식순에 따라) 욕불의식 준비를 완료하고 합창단의 합창 ('만생령을 위해 오심' ※ 주의 : 찬불가는 가사 전체를 다 불러야 함.)이 끝나면 다음의 게송을 인례가 낭송함

【관불게】

여래께서	도솔에서	강생하시매
구룡들이	물을토해	목욕했어라
저희이제	정성다해	청정향수로
거룩하온	금색신을	관욕합니다.

【목욕진언】

거룩하온	금색신을	관욕하오니
모든중생	모든허물	맑아지옵고
바른지혜	공덕장엄	모두이루어
위 – 없는	정법신을	이뤄지이다.

나무 사만다 못다남 옴 아아나 삼마삼마 사바하 (3편)

【시수진언】

제가이제　　길상수를　　삼업기우려

빛나옵신　　여래정에　　부우옵니다.

바랍노니　　모든중생　　번뇌다하여

모두함께　　법왕위를　　이어지이다.

옴 도니도니 가도니 사바하 (3편)

〈찬불가 — 탄생하심〉

나무 삼계대사 사생자부 시아본사 서가모니불 … (백천만편)

(석가모니불 염불하면서 욕불진행–다 끝나면 아래의 탄백 낭송함)

빛나올사　　거룩하신　　석가모니불

시방세계　　무엇으로　　견주어보리

이—세간　　모든것을　　다보았지만

부처님만　　하온어른　　다시없어라

7. 입측오주(入厠五呪)

【입측진언(入厠眞言)】 –화장실에 앉아서

버리고　　　또버리니　　　큰기쁨일세

탐진치　　　어둔마음　　　이같이버려

한조각　　　구름마저　　　없어졌을 때

중천의　　　둥근달님　　　미소지으리

옴 하로다야 사바하 (세 번)

【세정진언(洗淨眞言)】 –왼손으로 세정하면서(비데를 사용할 때)

비워서　　　청정함은　　　최상의행복

꿈같은　　　세상살이　　　바로보는길

온세상　　　사랑하는　　　나의이웃들

청정한　　　저국토에　　　어서갑시다.

옴 하나마리제 사바하 (세 번)

【세수진언(洗手眞言)】 –손을 씻으면서

활활활　　　타는불길　　　물로꺼진다

타는눈　　　타는경계　　　타는이마음

맑고도   시원스런   부처님감로
화택을   건너뛰는   오직한방편
옴 주가라야 사바하 (세 번)

【거예진언(去穢眞言)】 –더러움을 몽땅 버리고
더러움   씻어내듯   번뇌도씻자
이마음   맑아지니   평화로움뿐
한티끌   먼지마저   없는세상이
이생을   살아가는   한가지소원
옴 시리예바혜 사바하 (세 번)

【정신진언(淨身眞言)】 –내 몸 이제 청정신이 되었네
한송이   피어나는   연꽃이런가
해뜨는   푸른바다   숨결을본다
내몸을   씻고씻은   이물마저도
유리계   푸른물결   청정수되라
옴 바아라 뇌가닥 사바하 (세 번)

청법가

이 광수 글
이 찬우 곡

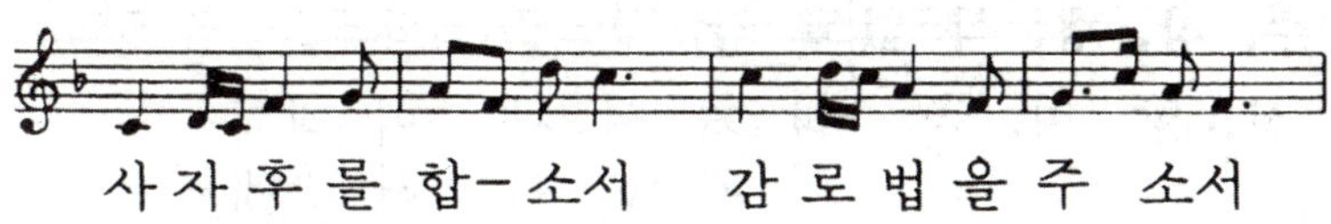

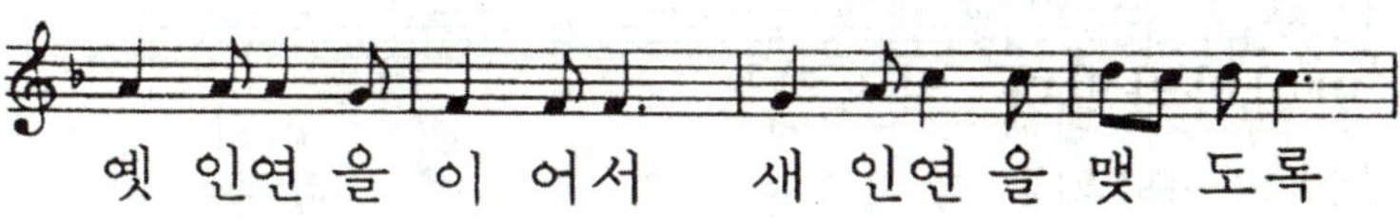

보현행원

정 민섭 곡

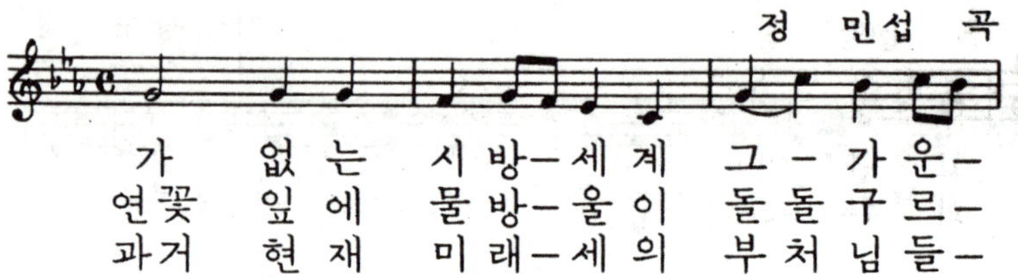

가 없는 시방—세계 그 — 가운—
연꽃 잎에 물방—울이 돌 돌 구르—
과거 현재 미래—세의 부처 님 들—

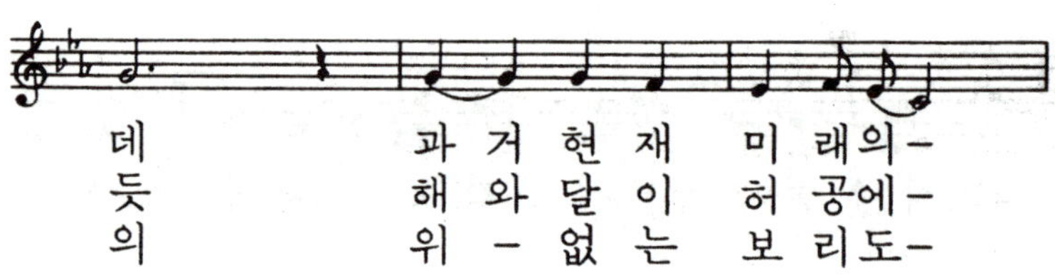

데 과 거 현 재 미 래의—
듯 해 와 달 이 허 공에—
의 위 — 없 는 보 리도—

부 처 님—들— 께 맑 고맑 은
머 물 지—않—듯 어 두운 밤
보 현 행—원—을 남 김없 이

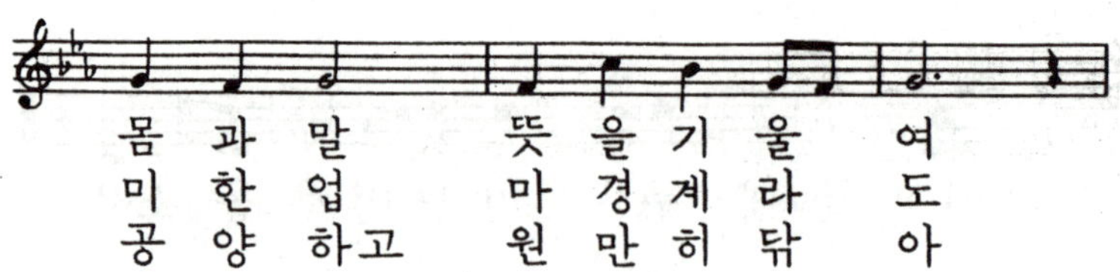

몸 과 말 뜻 을 기 울 여
미 한 업 마 경 계 라 도
공 양 하고 원 만 히 닦 아

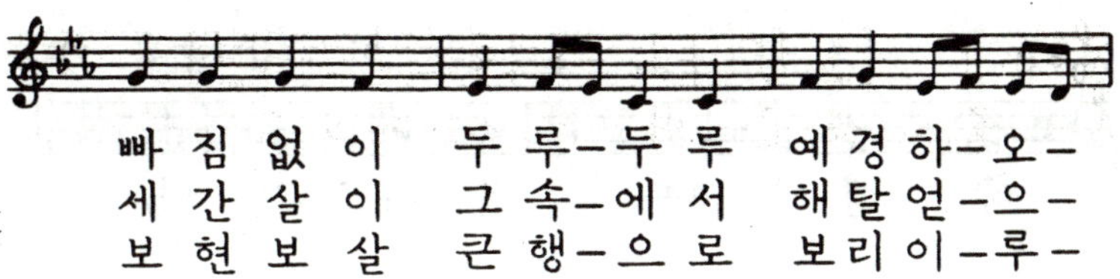

빠 짐 없 이 두 루-두 루 예 경 하-오-
세 간 살 이 그 속-에 서 해 탈 얻-으-
보 현 보 살 큰 행-으 로 보 리 이-루-

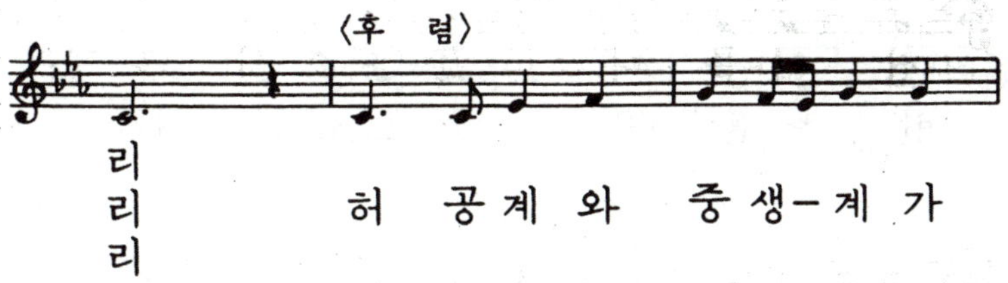

〈후 렴〉
리
리   허 공 계 와 중 생-계 가
리

다 하 더 라- 도   오 늘- 세 운

이 서- 원 은 다 함 없-으- 리

사홍서원

최 영철 곡

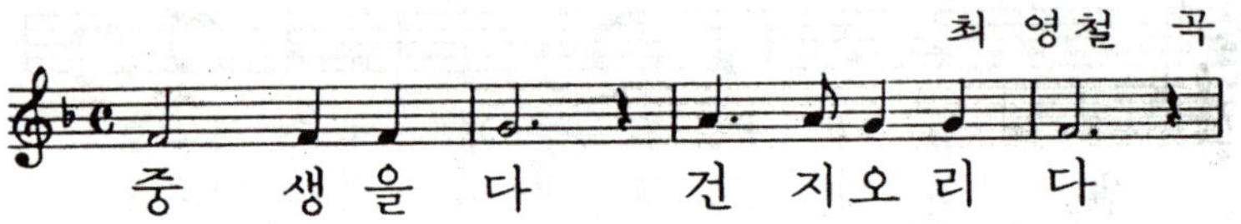

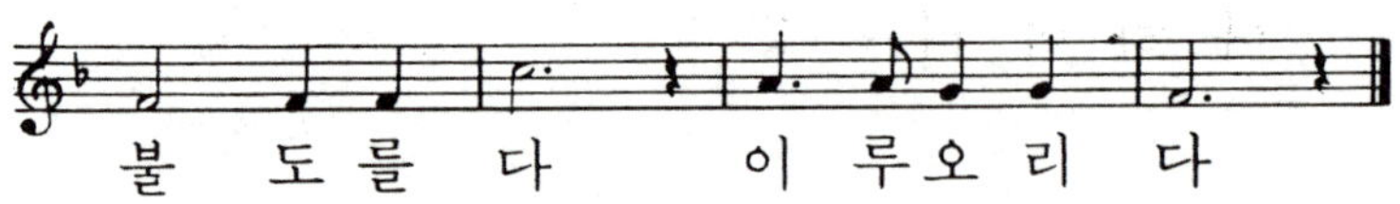

金河堂光德大禪師 年譜

作成, 2001년 2월 1일
1차 수정·보완, 2001년 10월 16일
2차 수정·보완, 2002년 12월 1일
3차 수정·보완, 2009년 5월 29일

연도	연령	연　　　보
1864	甲子	후일, 翁師가 되신 새 佛敎運動 大覺敎의 開創祖 龍城震鐘 祖師 誕生(朝鮮 高宗 1年).
1886	丙戌	龍城祖師, 경북 선산 모례원에서 勇猛精進 結社로 悟道(당년 23세).
1890	庚寅	후일, 恩師가 되신 淨化佛事의 大功德主 東山慧日大宗師 誕生(용성조사, 27세).
1897	丁酉	후일, 法師가 되신 韶天大禪師 誕生.
1905		제2차 韓日協約(을사보호조약) 체결.
1910		① 3월, 안중근 義士, 여순 감옥에서 순국(死刑). ② 8월 22일 韓日合邦條約 調印.
1912		① 東山慧日大宗師 出家(당년 23세). ② 후일, 拈華知音의 師兄이 되신 淨化佛事의 完成者이며 禪佛敎의 思想家 退翁性徹大宗師 誕生.
1919		① 光武帝의 國葬을 계기로 전국 각지, 방방곡곡에서 기미년 독립운동(3.1운동)이 요원의 불길로 勃發. ② 龍城祖師 독립운동으로 수감(상좌인 東山대종사 3년간 옥바라지). ③ 상해 임시정부 수립.

연도	나이	내용
		④ 韶天禪師 3.1 독립운동 참가 후, 김좌진 장군 휘하에 入隊(당년 23세).
1921		龍城祖師 大覺敎 創立.
1927 (丁卯)	1	① 東山大宗師 金泉 直指寺에서 悟道(당년 38세). ② 4월 4일 (음 3.3), 경기도 화성군 오산읍 내리에서 아버지 高公 準學, 어머니 金氏 東娘의 2男4女 중 넷째로 출생. 본관 제주, 본명 秉完.
1935	9	退翁性徹大宗師 東山 門下로 出家(당년 24세). (당시 東山大宗師 46세, 海印寺 白蓮庵 住錫).
1940	14	4월 1일(음 2.24) 龍城祖師 入寂(世壽 77세, 法臘 61세).
1942	16	兄, 秉烈 死亡. (아버지는 형 사망 후에서 해방 전 2, 3년 사이에 別世 추정).
1945	19	日帝 强占에서 解放.
1947	21	① 韓國大學(현 서경대학의 前身)에 進學, 폐결핵 感染. ② 어머니, 金氏 東娘 別世.
1949	23	둘째 누이 死亡.
1950	24	① 韓國戰爭 勃發, 가을 釜山 梵魚寺 入山. ② 東山선사와의 만남을 통해 인생관, 세계관의 일대 전환을 맞이하여 범어사 선방(청풍당), 관음전, 지장전, 미륵암, 금강암 내지 부산 경남 인근인 송도, 죽도, 삼천포, 함안 장춘사 등에서 발분 정진.
1951	25	칠월칠석(양 8.9), 東山大宗師를 戒師로 沙彌十戒 수계식 도중, 受 十戒를 受 五戒로 복창하고 스스로 거사의 신분으로 낮추어 겸허하게 수행함.
1953	27	韶天大禪師의 覺運動과 그 思想에 깊이 契合한바 '金剛經讀誦救國願力隊'에 참여 전국 순회.

1954	28	① 釜山 東萊 온천장 金井寺에서 悟道.
		② 부산 범일동에서 최초의 法燈家族 특별법회 시작(1년간 매주 실시).
		③ 한국불교 淨化佛事 시작됨.
1956	30	대각회 창립, 초대회장에 취임(9.16).
1959	33	가을, 범어사 禪院에서 性昊·眞常·日陀 등 선사들과 現代禪學研究會를 결성하고 취지문을 작성, 발표한 뒤『벽암록』및 여러 禪典을 현토함.
1960	34	① 범어사 보살계 때(음 3.15) 東山大宗師를 恩師와 戒師로 受戒
		② 4. 19 혁명
		③ 大韓佛教譯經院을 설립하여『벽암록』·『선문촬요』·『선문염송』·『선관책진』·『선문단련설』등 출판(현토).
1961	35	① 佛國寺에서 現代禪學研究會 주최, 雪峰 師, 초청,『벽암록』최초 강의.
		② 5. 16 쿠데타
1962	36	①『벽암록』(성호 현토본) 간행(편집·현대선학연구회, 발행·대한불교역경원).
		② 曹溪宗 서무국장으로 宗憲·宗法 제정과 불교재산관리법을 주도적으로 成案하고 기타 종단 法令 마련으로 종단의 법률적 틀을 만듦.
1963	37	한국대학생불교연합회 창립(9.22, 초대 지도법사 취임).
1965	39	① 恩師, 東山大宗師 入寂(음 3.23, 양 4.24. 오후 6시 무렵 世壽 76세, 法臘 53세).
		② 서울 奉恩寺 結社(주지취임)로 대학생수도원 설립(9.12).
1965	39	③『보현행원품』(프린트본) – 한국대학생불교연합회 교본으

		로 발행(6.5).
		④ 학교법인 대동학원 이사 취임(8.18~1974.2.6).
1966	40	학교법인 원효학원 이사 취임(~1979.3.4).
1967	41	『선관책진』 간행(진수당, 10.15).
1968	42	『보현행원품』 간행(해인사판, 성철스님 서문).
1971	45	① 조계종 총무부장 취임(~1973.1.25).
		② 조계종 총무원장 직무대행(청담스님 입적시, 11.25).
1972	46	① 自號 運海 사용(진리의 태양을 좋아하고 추종한다는 뜻의 高運海와 한글 고운해를 좋아함).
		② 10월 維新 政治 쿠데타 敢行.
1974	48	① 財團法人 大覺會 理事長 就任(3.25~1976.6.29).
		② '한마음헌장' 선포(4.2), 월간 「佛光」 창간호에 게재.
		③ 大覺寺에서 佛光會 創立(9.1).
		④ 『반야심경 강의』 완성 – 禪智와 般若眼의 究極을 밝힌 새 불교 운동인 佛光敎典.
		⑤ 月刊 「佛光」 創刊, 發行人 登錄(11.1, 불광회를 모체로 함).
		⑥ 순수불교선언(월간 「佛光」 창간호 – 새불교결사운동).
1975	49	① 대각사에서 佛光法會 創立(10.16, 불광회를 모체로 함).
		② 『法寶壇經』 刊行(대각출판부).
1976	50	사리불법등(대학생법회) 창등(2.5).
1977	51	① 普賢行者의 誓願 발표.
		② 救國救世의 보살을 양성하기 위해 『菩薩聖典』 간행(10.30).
		③ 學校法人 東國學園 理事 就任(11.23~1993.11.13).
1978	52	① 法師, 韶天大禪師 入寂(4.15, 세수 82세).
		② 禪智와 般若眼의 寶庫 『禪門要典』 간행(10.9).

1979	53	① 불광 파라미타 합창단 창단(3.29). ② 연꽃마을 이야기 출간(5.30). ③ 佛光出版部 開設(10.10), 發行人 登錄. ④ 12.12 新軍部 쿠데타 敢行.
1980	54	① 실달법등(중고등학생법회) 창등(9월). ② 新軍部 政權의 10.27法難 恣行.
1982	56	① 잠실 벌판에 佛光寺 竣工 奉獻(10.24.) - 불광 제2기 잠실시대 개막. ② 불광 마하보디 합창단 창단(11월).
1983	57	① 活功救國救世運動을 위한 正法護持 發願(8월 3일, 일명 호법발원) 시작. ② 불광의식집『불광법회요전』 발간(3.10).
1984	58	대웅전(후불탱화) 금판 금강경 주조 봉안(2.11).
1986	60	① 佛光幼稚園 設立(10.19). ② 佛光布教院 設立(10.19).
1987	61	① 回甲記念 불교시론집『빛의 목소리』 간행(3.20). ② '판소리 불타전' 공연 - 상수불학운동(5.5). ③ 6.29 시민항쟁 승리선언.
1991	65	월간「佛光」200호 발행(6.1).
1992	66	① 創作 國樂交聲曲 '普賢行願頌' 발표 공연으로 새불교운동을 거듭 제창함과 아울러 불교음악의 새로운 지평을 여는 계기가 되었음(4.2, 세종문화회관 대강당). ② 財團法人 大覺會 理事長 就任(5.12~1999.9.10). ③ 圖書出版 한강수 開設(10.27), 發行人 登錄. ④ 佛光教育院 設立(10.26, 석촌동 160-2의 건물 매입).
1993	67	① 財團法人 普德學會 理事 就任(3.30~1996.3.30).

		② 分坐知音 退翁性徹 大宗師 入寂(11.4, 海印寺 堆雪堂에서 世壽 82세, 法臘 59세).
1996	70	창작국악교성곡 '父母恩重頌' 발표공연(5.11, 국립중앙극장).
1998	72	週報(일요정기법회용) 제1,000호 발행(8.9).
1999	73	① 佛光寺 法主室에서 2월 27일(음 1.12) 오후 2시 무렵, 大圓寂 般若寂光三昧에 듦(爲法忘軀의 大慈大悲가 化歸本空 함). ② 入寂 100일(6.6) 추모재(도피안사) 奉行. ③ 『광덕스님 시봉일기 1』(내일이면 늦으리) 출판(6.6). ④ 광덕스님 속환발원기도 – 티베트 수미산 순례단 출발(7.8).
2000		광덕스님 속환발원 – 1,000일기도 입재(2.27) 資 송암 奉行 精進(도피안사).
2001		① 『광덕스님 시봉일기 2』(징검다리) 출판(2.27, 대원적 2주기). ② 범어사에 行蹟碑와 부도 제막(10.21). ③ 『광덕스님 시봉일기 3』(구국구세의 횃불) 출판(12.30).
2002		① 『광덕스님 시봉일기 7』(사부대중의 구세송) 출판(7.1). ② 입적 3주년 및 도솔산 개산 10주년 '환생' 전시회 개최(11.22, 서울 불일미술관), 도록 『환생』 발간.
2008		11월 16일 『광덕스님 시봉일기』 본책 11권 완간회향법회봉행

門人 松菴至元　錄

불교학자는…

1

내가 늦은 공부를 하고 있을 때니까, 아마 1980년대 중반 무렵인 것 같다. 어느 날 학교에 다녀와서 스님께 인사를 드리니까 스님(先師: 金河堂光德大禪師)께서는 나를 가만히 바라보시더니, "지원, 불교학자가 되려거든 무엇보다 언어를 갖춰야 해. 한문과 영어와 일본어는 기본이고, 산스크리트어와 팔리어도 해야 해. 설령 말까지는 못해도 책은 모두 읽을 수 있어야 하지. 그리고 외국어 공부는 무엇보다 꾸준히 해야만 하고 말이야. 하루라도 쉬면 안 돼"라고 간곡히 말씀하셨다. 난 그 말씀을 들으면서 속으로 무척 자신 없어 했다. 그 많은 외국어 공부를 어떻게 하나 하는 걱정이 앞서서다.

그리고 스님께서는 출가수행자가 해야 할 일을 명확하게 말씀하셨다. 수시로 하시는 말씀이었지만 그 날도 힘주어 강조하셨다. "출가자는 '법의 증거자가 되어야 하고 보살행의 중심'이 되어야 해."

스님의 이 말씀은 이미 누누이 밝힌 바지만 언제 생각해봐도 명쾌하기 그지없는 출가자의 본분이며 지침이었고, 내지 내 인생의 수행지침이었다. 특히 오늘의 혼재된 현실에 비추어 보면 마치 구름을 벗어난 해처럼 명명백백하여 눈부셨다. 출가자는 오로지 법의 증거자가 되기 위하여 열렬하게 공부해야 하고 정진해야 함을 스님은 잘 말씀하셨다. 또 이 말씀은 남에게 말하기 위한 훈계나 설법용이 아니었고 스님 자신의 신념이라는 사실을 나는 안다. 출가자가 보살행의 중심이 되어야 한다는 말씀에도 깊은 의미가 들어 있다. 나무의 꽃이나 과실과 같은 대승불교의 핵심이 보살행이니까 말이다. 즉 이 두 가지 말씀을 통해 출가자는 불교의 사부대중으로 형성된 수행공동체의 중심이 되어야 한다는 뜻이 가득 내포되어 있다. 사실 이 금하보감(金河寶鑑)을 내는 뜻도 이 두 가지를 바로 세우기 위해서라고 감히 말하고 싶다.

2

　스님께서 이 두 가지 말씀을 하신 배경에 대해서 좀 더 구체적으로 밝힐 필요가 있다. 다음의 말씀은 물론 내게 하신 훈도의 말씀이긴 해도 이 또한 스님 자신의 평소 변함없는 신념이기도 하다.

　"우리 한국불교가 이제 극복해야 할 일은 중국불교를 넘어서야 하는 일이다. 중국을 통해서 들어온 불교이기에 인도불교의 원 모습과는 다른 점도 있고 다소간의 거리도 있다. 그렇다고 중국불교를 버리라는 뜻은 아니다. 좋은 것은 당연히 계승하고 혹시 왜곡된 것이 있으면 바르게 고치면 된다. 따라서 출가자는 한문에 익숙해야 한다. 한문으로 표현된 풍부한 북전(北傳)의 불교문헌을 능숙하게 활용해야 하기 때문이다. 그러기 위해서는 인도불교를 더 철저하게 알아야 하고 또 인도불교는 초기와 부파, 대승으로 변모하는 과정을 잘 공부해서 알아야 한다. 그랬을 때 중국불교의 뛰어난 점이나 극복해야 할 점을 동시에 바로 알게 될 것이다.”

사실 오늘의 인도불교는 전적으로 새로 시작하다시피 해야 함으로 과거에 남아 있는 문헌에 의한 공부는 가능할지 모르지만 오랜 단절로 말미암아 구체적인 신앙형태를 찾기에는 현실적으로 거의 불가능하다. 그래서 우리들은 티베트불교에 주목하게 된다. 오래 전 나란다의 뛰어난 학승(學僧)들이 히말라야를 넘어 티베트로 갔고 그들에 의해 티베트불교가 형성되었다. 다행스럽게도 티베트는 지금까지 그 전통을 잘 간직하고 있다. 따라서 티베트불교는 또 다른 이름의 인도불교라고 말해도 과언이 아닐 것이고 그것은 대승불교의 가장 발달된 부문을 여태껏 고스란히 간직하고 있다는 점이다.

3

한국불교가 나아갈 방향을 우리는 역사에서도 볼 수 있다. 바로 통일신라의 성사(聖師), 원효스님이다. 그 까닭인즉 원효스님은 그 당시에 이미 중국불교를 넘어서 있었다. 인도불교를 정확하게 알고 있었다는 뜻이고 범어원전도 없는 상태에서는 매우 놀라운 일이다. 오히려 중국의 학승들이 원효스님의 주장을 살피고 배우는 단계까지 갔다. 후일 고려의 대각국사 의천스님은 중국을 방문하고 두루 살피며 공부한 뒤 귀국하여서 가장 먼저 경주 분황사를 참배하고 원효스님의 수행력과 학덕에 예배한다. 그리고 성사(聖師)라는 칭호를 처음으로 헌정한다.

　오늘날 우리가 중국불교를 넘어서는 일은 얼마 전 각묵스님이 펴낸 『금강경 강해』처럼 범어원본과 중국의 역을 일일이 대조해 가는 것이라고 본다. 거기에 티베트의 견해(譯과 註釋)를 더 참고하는 것이 나의 의견이다. 어쩌면 이것은 우리가 티베트에 관심을 갖는 주된 이유가 될지도 모르겠다. 그리고 성철스님이 세운 「백일법문」의 교학체계에 각 체계에 대한 전거를 대고 몇 가지 보충과 신앙적인 입장을 더한다면 한 권의 불교신앙지침서가 될 수 있을 것이라고 본다. 일반대중에게는 방대한 불교전적을 '연기와 중도'라는 불교의 패러다임으로 한눈에 꿰는 일이 될 것이고 학인에게는 깊고 넓게 하는 불교공부의 지침서가 될 것으로 본다. 스님께서는 불광운동을 하면서 이런 흐름을 늘 염두에 두고 살았고 자신의 건강이 여의하면 가장 먼저 해야 할 일이라고 생각했다. 나아가 상좌들 중에서 누군가가 하기를 바랐던 일이기도 하다. 그런 심정을 다소 알고 있기에 이 책에 스님의 그 뜻을 밝힌다.

4

　그동안 분명하게 정리하지 못했던 스님의 출가 전의 환경에 대해서 정리할 기회가 생겼다. 사실 불교의 연기관(緣起觀)으로 보면 매우 당연한 말이지만 사람이나 만물은 상의상관적인 밀접한 관계로 형성되어 존재하고 있다. 특히 사람에게는 관계의 형성인 주변 환경이 매우 중요하다. 둘이 아니기〔不二〕 때문이다. 특히 어렸을 때의 환경은 당사자의 인성(人性) 형성에 미치는 영향이 사뭇 크다. 따라서 사람은 어떤 집에 사느냐보다 누구와 사느냐에 따라 인격형성이나 성숙도가 달라진다. 무엇보다 어린시절에는 부모를 중심으로 한 가정환경이 결정적인 역할을 한다. 난 그런 점 때문에 스님의 어린시절을 자세히 알고 싶어 했다. 그러나 쉽지 않았다. 이미 아는 분들이 대부분 세상을 떠났기 때문이기도 하고 수소문하여 알아볼 엄두를 내지 못하고 있었기 때문이었다. 나는 지레짐작으로 스님 주변에 몇 분 생존해 있는 친인척마저도 다 노인들이기에 증언에 한계가 있을 것이라고 생각했다. 그렇지만 스님의 어린시절에 대한 생각은 줄곧 떨치지 못하고 있었던 것은 사실이다. 그러던 차에 누군가가 스님의 막내 누이를 만나고 싶다고 하여 길라잡이 역할을 하다가 유년시절의 스님을 다시 이해하고 정리하는 데 가닥을 잡게 되었고 계기를 맞았다.

　정확하게 말하면 올해, 2009년 5월 8일(金)에 경기도 남양주시 별래면 청학동 아파트에서 살고 있는 스님의 마지막 혈족인 바로 아래 누이 고병남(高秉男, 76세 - 갑술생, 1934) 할머니를 만났다. 스님과는 여덟 살의 나이 차이가 난다.

그런데 고병남 할머니는 그 당시 매우 어렸기에 잘 모르는 부분이 있었고 또 이미 오래 전의 일이라 기억이 명확하지 않은 점도 있었다. 무엇보다 정확도를 높이기 위해서는 한 분의 증언보다 또 다른 분의 증언을 통해 일치되는 점을 취하고 싶었다. 바로 고병남 할머니의 사촌누이이며 동시에 스님보다도 세 살 많은 스님의 손위 사촌누이다. 경기도 고양시 일산서구 일산3동 후곡마을 13단지 태영아파트에 살고 있는 고병정(高秉妌, 86세 - 갑자생, 1924) 할머니다. 고병남 할머니의 제안으로 만나게 되었다. 그러니까 남양주에서 고병남 할머니를 만난 꼭 일주일 뒤, 5월 15일(金)에 서둘러 일산 자택으로 방문했다. 이 할머니는 젊은 시절 화성 송산면에 있는 송산보통학교 교사를 지내기도 했고, 남편인 최진영은 일제강점기 일본 와세다 대학을 나왔던 지식인이었다. 스님에게는 사촌매형으로 지성적인 동지로 격의없이 지낸 분이기도 하다. 그동안 여러 경로를 통해 와세다 출신의 사촌매형 이야기를 줄곧 들었는데 이제 실지로 당사자와 가장 가까웠던 분을 만나게 되었던 것이다. 막상 만난 고병정 할머니는 년세가 높았음에도 지난 일에 대한 기억이 또렷했다. 참 놀라운 일이라는 생각이 들 정도였다. 여기 두 분의 증언을 채록하여 전재(全載)한다.

먼저, 스님의 친 누이인 고병남 할머니를 통해 얻은 이야기를 간

추린다.

자신의 어머니(金氏東娘)는 무척 머리가 좋았으며 여성으로서 고우셨다는 기억을 간직하고 있다. 품행은 여성으로서 매우 얌전하면서도 활달한 분으로 육체적인 노동은 거의 못하고 바느질과 (시봉일기 8권, 101쪽) 음식솜씨가 뛰어났다. 그리고 자식에게 무척 엄하여 고병남 할머니 자신은 어머니에게 한 번도 안겨본 기억이 없다고 했다.

아버지(高公準學)는 4형제 중에 둘째이셨고 고향에서 살다가 먼 친척이 살고 있는 서울 영등포 고척동으로 이사해 살다가 바로 아래 동생(셋째 숙부)의 장례식 때 하관하는 광경을 보고 쇼크(필자의 짐작)로 실신하여 그 길로 돌아가셨다고 했다. 미처 서울 집으로 돌아오지도 못하고 고향의 친척 집에 누워 있다가 운명했다고 한다.

고병남 할머니가 어릴 때 스님에 대한 기억으로는 자신이 어머니에게 꾸중을 듣고 집에서 쫓겨나 들어가지 못하고 밖에서 서성거리면 오빠인 스님이 나와서 여동생인 자신의 손을 잡고 함께 집으로 들어가서 어머니께 사죄하고 용서를 빌었다고 했다. 더욱 잊지 못할 기억으로는 나중에 상도동에서 살 때 어머니의 병세가 점점 깊어졌는데, 그때 오빠인 스님께서는 밤낮으로 자리를 뜨지 않고 간호를 했다. 어느 날 한 밤중에 병세가 위중해지자 깜빡 잠이 들었던 오빠인 스님이 미처 옷 갈아입을 사이도 없이 잠옷 차림 그대로 병원까지 달려갔다고 했다. 오빠(스님)는 지극한 효자였다고 나에게 말하면서도 연신 울먹이곤 했다. 세상에 자신의 오빠 같은 사람은

일찍이 본 적이 없고 그 후로도 본적이 없다는 말을 몇 번이나 되풀
이 했다.

　내가 추론해 보건대 스님의 어머니가 돌아가시자 둘째 누이가 오
며가며 살림을 해 주었으나 둘째 누이도 건강이 좋지 않았고 급기
야는 상도동 집을 팔고 동대문 밖 창신동 낙산 비탈에 살고 있던 큰
누이 집으로 이사를 하여 의탁하지 않았나 싶다. 스님의 큰 매부는
그 때 상업을 하고 있었다. 이미 말한대로 아마 둘째 누이가 힘들게
오며가며 살림을 하는 불편을 덜게 하려고 창신동으로 이사를 하지
않았나 싶다. 또한 그 당시 스님의 친인척들이 거의 동대문 주변에
모여 살고 있었던 것도 까닭이 아니었을까 생각해 본다. 아무튼 그
둘째 누이도 한국전쟁이 일어나기 전 해, 1949년(당시 30세)에 돌
아가신 것을 보면(시봉일기 8권 148쪽) 상도동을 오가며 친정살림
을 해 줄 때도 이미 건강상태가 많이 나쁘지 않았나 하는 생각을 하
게 된다. 둘째 매형도 아내를 따라 이듬해 1950년에 작고한다.
　창신동 큰 누이 집은 매우 작은 집이었고 그 집에서도 가장 작은
방에 스님께서 거처하셨는데 방 가득 책을 차곡차곡 쌓아놓고 책상
을 두었기에 잠 잘 때는 머리를 책상 밑에 들이밀고 겨우 다리를 펴
고 잤다고 했다. 스님의 책이 무척 많아서 방에도 빼곡히 쌓아두었
지만 다 둘 수가 없어서 바로 옆에 있는 창고에도 가득 쌓아 두었다
고 했다. 스님의 분신같이 애지중지 하던 이 책들은 한국전쟁 때 피
난 갔다 오니까 몽땅 사라졌다고 했다. 무엇보다 오빠인 스님은 와

세다 출신 사촌형부의 영향을 많이 받았다고 말했다.

스님의 모친께서 1947년 늦가을 노량진 상도동에서 돌아가시고 그 다음 해 쯤 동대문 창신동으로 이사를 했으리라 여겨진다. 고병남 할머니의 기억으로 창신동에서 한국전쟁 일어날 때까지 대개 2, 3년 정도 살았다고 말했다. 그 때 스님께서는 아무것도 모르는 철부지 여동생에게 손수 밥을 해 주기도 하고 신발을 깨끗하게 씻어서 신겨 학교에 보내기도 했다고 했다. 전쟁이 일어나자 고병남 할머니는 고향으로 피난을 갔고, 스님은 전쟁이 나기 3개월 전에 경상도 포항 월포에서 요양 중이었다.(시봉일기 8권, 129쪽) 스님은 전쟁이 나자 고향에 있는 동생이 염려가 되어 사지(死地)를 무릅쓰고 북행길을 나서 고향으로 가게 된다. 그 이후 가을에 스님은 부산 범어사로 향하게 된다. 고병남 할머니 증언도 창신동 집에서 오빠인 스님께서는 부산 범어사로 갔다고 했다.

이어서 일산에 살고 있는 고병정 할머니의 증언이다. 자신에게 중부(仲父)가 되시는 스님의 부모님에 대한 기억이다.

"큰아버지(스님의 부친)는 차분하시고 말씀이 매우 적으셨어요. 고향 화성의 정남면에 사시다가 영등포 고척리로 솔가(率家)하여 이사를 했는데, 그 때 거기에 먼 친척이 살고 있었다고 들었어요. 고향 정남에서 큰아버지 내외분이 모시던 장모님이 돌아가시고(언제 돌아가셨는지는 모름) 큰아들마저 잃게 되었어요. 나와 나이가 같았던 큰아들 고병열(高秉烈)은 동생(스님)의 바로 윗형이었어요.

어쩌면 큰아들을 잃은 상심으로 큰아버지가 서울로 이사를 했는지도 몰라요. 그러니까 그 때 가족으로는 큰아버지 내외분과 동생과 지금 남아있는 여동생(병남)인데, 병남이 아래 여동생이 하나 더 있었어요. 그 때까지 살아있었는지 그 전에 죽었는지 몰라요. 아무튼 막내는 딸이었는데 일찍 죽었어요. 그러니까 병남이 동생이었지요.

나와 나이가 같았던 동생의 형(고병열)은 19세에 죽었어요. 그건 내가 분명하게 기억하는 일이지요. 그와는 나이가 같았기 때문에 알아요.(이 증언에 따라 만세력으로 연도를 따져 보니 1942년이었다.) 큰아버지는 고향에서 장모를 모시고 살았어요. 앞에서 말했지만 그 분도 언제 돌아가셨는지 몰라요. 아무튼 큰아버지 내외분은 장모님을 모시고 고향에서 금실좋게 살았지요. 훨씬 나중 일이긴 해도 동생(스님)이 불광사를 짓고 나와 같이 외할머니 묘소를 찾으려고 세 번이나 고향엘 갔었어요. 이미 오래 되고 주변이 개발되어 인근까지 갔어도 묘소를 도저히 찾을 수가 없었고, 할 수 없이 준비해 간 과일 등의 제수(祭需)를 차려놓고 절만 하고 돌아온 적이 있어요.

큰어머니(스님의 모친)는 대하기가 참 어렵다는 느낌이 들었는데 시집 오시기 전 친정에서는 공부 선생님을 따로 모셔놓고 공부를 하여 한문도 잘 하시고 한글은 말할 필요도 없고 또한 독서를 많이 하신 분이라고 들었어요. 큰어머니는 슬하에 모두 6남매를 두셨는데 둘은 그만 큰어머니 생전에 죽고 말았지요. 그리고 둘째 언니는 시집가서 종로5가에 살았는데 아들만 둘 낳고 한국전쟁 나기 바로 전 해(1949년)에 죽었어요. 이듬해(1950년)에는 형부마저 돌아가셨지요.

아무튼 큰아버지 내외분은 사이가 참 좋았다고 들었어요. 그리고 동생(스님)은 여자아이를 방불할 것처럼 고왔어요. 자라면서 한 번도 남과 싸우는 것을 본 적이 없어요. 또 유머가 풍부하여 사람들을 잘 웃겼고 특히 서먹서먹한 분위기가 되면 일부로 자신이 광대역할을 하여 주변을 웃겨서 분위기를 평화롭게 바꿔 놓곤 했지요. 매우 영특했어요. 어릴 때부터 글 읽는 것을 몹시 좋아하여 언제나 손에는 책이 들려 있었어요. 큰어머니의 영향이었던 것으로 봐요. 실지로 동생이 글을 읽고 쓰고 말하는 모든 것을 큰어머니가 직접 가르쳤어요. 말하자면 동생의 최고 선생님은 자신의 어머니였어요. 정성껏 가르쳤고 열심히 배운 덕분이라고나 할까 아니면 머리가 뛰어난 덕분이랄까 동생은 오산보통학교 5학년 때 글짓기에 나가서 총독상까지 받았지요.(시봉일기 8권 150쪽에는 군수상으로 나와 있는데, 고병정 할머니는 총독상으로 확신하고 있었다.)

동생은 천성이 밝아서 설령 힘든 일이 있어도 남에게 내색하지 않고 늘 웃으면서 사람을 대했어요. 참 명랑하고 똑똑하고 남자라도 무척 이뻤다고 말하고 싶어요. 그리고 불의를 못보고 남의 어려움을 그냥 지나치지 못하는 곧고 의로운 성품이었어요. 부친을 닮아서인지 온화하고 평소에는 말수가 적고 생각을 깊이 한 뒤에 행동하고 말하곤 했어요. 그야말로 전형적인 외유내강(外柔內剛)이지요. 나중에 모친인 큰어머니께서 동생에게 장가들기를 권하면, 웃으면서 '저는 생각이 없습니다. 혹시 어머니께서 홀로 사시기에 적적하시면 좋은 사람 만나서 같이 사세요. 잘 받들겠습니다' 라고 말했다지요. 그렇게 소문이 났어요. 참 지극한 사람이었고 지극한 아들이었고 지극한 효자였어요. 외모는 아버지를 그대로 닮았고 성정은 어머니를 그대로 닮았어요.(시봉일기 8권 102쪽)

한 번은 동생이 오토바이를 타고 가다가 논에 쳐 박히는 사고가 났는데도 별일 아닌 것처럼, 남의 일처럼 대수롭지 않게 말했어요. 아마 오토바이를 타고 가다가 속도를 냈겠지요. 그 때만 해도 동생은 한창 때였으니까요. 마침 오토바이와 사람이 한꺼번에 쳐 박힌 곳이 물렁물렁한 논바닥이어서 큰 외상은 입지 않았는데 그 충격으로 동생의 턱이 빠졌대요. 아래턱이 뻑뻑하게 아파서 손으로 만져 보니까 턱이 빠져 있더라는 거였어요. 얼른 두 손으로 턱을 바쳐 들고 위로 올리니까 턱- 하고 도로 제자리로 들어가더라는 것이었어요. 그것도 웃으면서 남의 말처럼 이야기했어요. 우스갯소리로 하면서 자신에게는 무척 고통스러운 일이었겠지만 남에게 말할 때는 대수롭지 않게 남의 일처럼 말하곤 했지요. 그 때 동생의 천연덕스러운 표정이 하도 우스워 만날 때마다 놀리곤 했어요.

동생은 우리 바깥양반하고는 매우 가까웠어요. 나이 차이가 있었어도 그건 전혀 문제 되지 않았어요. 그 때 동생은 동대문 창신동 큰언니네 집에 살았고 우리는 을지로 5가 뒤편인 쌍림동에 살았어요. 사는 거리가 가깝기도 했지만 마음의 거리는 더 가까웠어요. 바깥양반의 서제에는 책이 가득했고, 거기에는 그 양반의 아내인 내가 들어가는 것도 싫어하여 대판 싸우기도 했는데 동생은 무시로 드나들었어요. 무슨 책을 갖고 가서 읽던지 읽고는 언제 도로 갖다 놓든지 전적으로 동생의 자유였지요. 또한 두 사람이 만나기만 하면 많은 이야기를 주고받았어요. 부부인 나보다가 동생과 더 가까웠지요.

동생은 책을 매우 좋아했고 돈이 생기면 보고 싶은 책을 사곤하여 책이 방에 가득하였는데 전쟁으로 피난 갔다가 와보니 애지중지 하던 그 책이 모두 없어졌다고 낙심천만이 되어 우리 집에 온 것을 기억해요. 집이 폭격을 맞아서 없어진 것도 아니라고 하면서 몹시 서운해 하고 상심하는 모습이 지금도 눈에 선해요. 아마 책에 대해 모르는 사람이 귀찮게 여겨 책주인이 없을 때 몽땅 고물장수에게 내주었는지도 모르지요. 내 짐작이 그랬어요. 그렇지만 동생은 집안의 허물이 될까봐 입을 꾸욱 다무는 것 같았어요. 동생은 여간해서는 자신의 감정을 남에게 잘 드러내지 않는 성품인데 책에 대해서만은 매형에게 이야기 한 것을 보면 혼자서는 도저히 감당이 되지 않았던 것 같아요. 안타까워하는 그 모습이 지금도 눈에 선해요.

동생이 폐가 나빠서 시골 사랑채에서 혼자 잘 때 바닥에 까는 요와 덮는 이불을 두툼하게 준비하고는 문과 창을 모두 활짝 열어놓았어요. 매우 추운 엄동설한 혹한의 겨울에도 늘 그렇게 잤어요. 아마 어디서 공기가 좋아야 한다는 이야길 들었나 봐요.

동생은 노래도 잘 부르고 목소리도 좋았어요. 무슨 곡이든 한 번 들으면 가사나 곡조를 그대로 다 외워 금방 따라 불렀으니 가히 타고났지요. 음악성이 뛰어났어요. 그런그런 무엇들보다 동생은 마음이 무척 따뜻한 사람이었어요. 아무나 가능한 일이 아니지요.

　큰어머니는 1947년 늦가을, 서리가 왔을 때 돌아가셨어요. (정확하게 만세력을 가져다 놓고 대조를 해보니 1947년 12월 8일, 음력으로는 10월 26일이었다. 스님께서 사후 당신의 부모제사를 나에게 부탁하면서 친필로 써준 忌日 날짜 그대로였다.) 그 때가 아마 큰어머니 연세 52세가 되었을 거예요. 큰어머니는 잔나비 띠(1896년, 丙申)이셨고 노량진 상도동에 살 때였어요. 큰어머니가 동생을 서른둘에 낳았어요. 그러니까 돌아가실 때는 동생나이 21세 때였겠지요.

　동생은 일제시대 광산회사에서 받은 사택(노량진 상도동)을 가지게 되었어요. 동생이 광산회사에 취직을 했는데 처음에는 사환으로 들어갔다고 들었어요. 나중에는 핵심 부서의 정식직원(총무부)이 되었고 일본인도 아무나 받지 못하는 사택까지 제공받았어요. 자신의 능력을 인정받은 거지요. 그 소문이 문중일가에 쫙 퍼졌지요. 동생은 인상도 좋았지만 성품도 흠 잡을 데가 없었고 일에 대한 책임감이나 상사를 모시는 자세 등 모든 분야에서 단연 뛰어났어요. 정말 그렇게 골고루 갖춘 인품은 눈을 씻고 찾아도 거의 없을 거예요. 아마도 그 사택을 해방되면서 일본인 회사에서 물려받게 되었나 봐요. 일본인들이 패전과 더불어 철수하면서 동생에게 거저 주었던 것 같아요. 거기서 동생은 큰어머니를 모시고 한 3년 정도 살았고 나중에는 그 집을 팔아서 장사를 하고 있던 큰 매형에게 몽땅 주고 매형집(창신동)으로 여동생을 데리고 이살 갔어요. 그 매형의 큰아들이 서울신문 무슨 간부를 했던 김종일이예요."

　스님의 민족의식이 극일이었고 스님의 자존심은 일본 사람들로 하여금 자신을 우러러보게 하는 성실이었다. 어렸을 때부터 남과 한 번도 싸운 적이 없었다는 스님, 출가해서도 그랬다. 남과 다투지 않았고 남에게 수모를 당하면서도 언제나 빙그레 웃는 것으로 끝을 냈다. 대립하지 않았다. 세간의 영리한 눈으로 보면 '천진바보' 였다. 그러나 남과 싸워 이기는 것도 용기가 있어야 하지만 남과 싸우지 않는 용기는 더 커야 한다. 설령 피해와 수모를 겪어 가면서도 묵묵히 참는 용기야말로 보살의 인욕바라밀다가 아니면 어려울 것이라고 본다.

　사실 이 증언은 시봉일기 본책에 들어가야 할 내용이지만 부득이 별책의 후기에 신게 되었다. 그나마 다행이라고 생각하며 자위한다. 마치 오래 동안 염두에 두었던 스님의 행장과 도피안사 개산연기문을 써서 마쳤을 때 느꼈던 심정과 비슷하다. 스님의 생애에 대해 미흡했던 부분을 마저 정리하고 난 뒤의 느낌은 짐을 내려놓은 홀가분함이다. 그렇지만 다 완수한 것은 아니다. 내 힘으로 되지 않은 것이 있다. 이제 더 어쩔 수 없다. 아쉬움을 접고 완수하지 못한 일은 나의 부족과 잘못으로 참회하면서 후일을 기약하는 수밖에 없다.

2009년 도피안사 개산 17주년을 앞두고

門人 松菴至元 謹誌

광덕스님 시봉일기 別2
보현도량 금하보감

2009년 6월 25일 초판 1쇄 인쇄
2009년 6월 30일 초판 1쇄 발행

지은이 : 송암지원
펴낸이 : 김인현
펴낸곳 : 도피안사

등록 : 2000년 8월 19일(제19-52호)
주소 : 경기도 안성시 죽산면 용설리 1178-1
전화 : 031)676-8700, 02)419-8704(영업부)
팩스 : 031)676-8704
E-mail : dopiansa@kornet.net
홈페이지 : http://www.dopiansa.or.kr

마케팅 : 法月 김희중
편집 : 나라연